事業システムの革新

地引 淳 著

千倉書房

まえがき

　事業システムというのは事業の仕組みのことであり，顧客に価値を届けるために必要な仕組みである。商品やサービスを通してある一定の価値を顧客に届けるためにはさまざまな経済活動が必要である。多くの場合，複数の商品やサービスを開発し，必要な素材や部品を調達し，生産・販売し，流通システムを通して最終消費者に届ける，必要とあれば諸活動を調整する仕組みのことをいう。したがって，事業システムを構築するのには，数多くの企業の協力が不可欠である。このような事業システムの競争には，商品の競争とは違う特徴がある。商品の競争が1つのヒット商品の出現で，業界の構造が変わってしまうほど華々しく目に見えるのに対して，事業システムの競争は背後にあるので目に見えにくいのである。また，競争相手が模倣し，類似商品を生産・販売してくるのが商品の競争であるが，事業システムの場合は模倣が極めて難しい。模倣が難しいのは，それが商品の背後に隠れて，いくら商品を見てもわからないし，目立たないからである。それだけに一度リードすると競争優位の持続時間が長いのである。また，事業システムはシステムであるから，部分的な模倣では意味がないという特徴がある。そして，いったん構築された事業システムの仕組みを作り直したりすることも非常に難しい。

　この典型的な事例が，わが国の繊維産業に見られる。わが国繊維産業の衰退原因は，端的にいえば，新商品の開発など目に見える革新のみに終始して，目に見えない事業システムの革新が十分に行なわれなかったことにある。特に国際競争力を持ったアパレル産業が十分に育たなかったことから，テキスタイル産業を中心にして衣料用繊維が衰退した。そして，川上，川中，川下という表現に見られるように，相場変動に左右される仮需性の強い川上と川中，実需性の強い川下というまったく異質の事業を1つの事業システムに包摂している点にも問題があった。鉄鋼産業と自動車産業などのように別の産業を形成していれば，テキスタイル産業もアパレル産業も国際競争力を確保していたかもしれ

ない。また，繊維産業の事業システムでは，川上，川中，川下の機能分担により，数多くの企業が相互依存関係を形成している。このことから事業リスクを個々の企業が個別に負担するよりも，関係企業に応分に負担してもらって，責任を分散する傾向が生まれた。これはリスクの石垣構造と呼ばれる繊維産業の構造的特性であるが，リスクの石垣構造には，リスクの分散によって経営の安定化をはかるというプラスの効果がある反面，リスクに対する責任の不明確化といったマイナス効果があった。リスクを分散的に吸収する仕組みは，また，独特の商慣行を生み出した。それは流通の系列化，後値決めや事後調整，委託加工販売や返品制度などである。こうした商慣行は，情報伝達・処理技術の発展による事業システム革新への大きな制約要因となり，結果としてわが国の繊維産業は衰退したといえよう。目に見えるものと目に見えないものとの両面での革新が，成熟産業であるわが国繊維産業では必要であったといえる。しかし，産業規模としては最盛期と比較して大幅に縮小したものの，事業システムの革新に果敢に挑戦して，成果をあげている企業も多く，高付加価値型ファッション産業として，これからの再生が期待されるところである。

　本書は，著者が学界に入ってから，所属大学等の機関誌に投稿した論文の中で，事業システムに関するものに一部修正を加えたものである。最近の経営学の諸理論を踏まえて，繊維産業の諸事例をところどころに取り入れてある。本書の構成と概要は，次のようになっている。
　序章では，事業システムの概念と事業システムを設計するための基本的な考え方，および近年の情報技術の発展による事業システムの革新について論じている。
　第1章では，付加価値を生み出す原点の生産と付加価値を実現する販売のシステム化の概念とその編成原理，そして情報化による生産・販売システムの変化について論じている。
　第2章では，流通システムの概念とその編成原理，および情報化による流通システムの変化と生産・販売システムとの統合化について論じている。

第3章では，リストラクチャリング（事業の再構築）とリエンジニアリング（事業の再設計）について，その概念と実態を比較検討し，その本質と問題点について論じている。

第4章では，情報技術が革新する企業活動と企業に求められる速度と創造のマネジメントに対する日本型マネジメントの課題として，組織の革新と情報リテラシーを論じている。

第5章では，事業システムの設計思想の1つである速度の経済を目指したジャスト・イン・タイムとクイック・レスポンスについて，その考え方や特徴を論じている。

第6章では，事業システムの設計思想の1つであるアウトソーシング（業務の外部化）について，その背景やわが国における現状と問題点，戦略的活用について論じている。

第7章では，速度の経済を効率的に行なうためのプロセス管理の仕組みであるサプライチェーン・マネジメントについて，その発展プロセスと基本コンセプトを論じている。

第8章では，サプライチェーン・マネジメントの具体的な展開を，わが国繊維産業の「戦略的同盟」のケースに求めて検討している。そして，その意義と課題について論じている。

第9章では，繊維産業を事例にわが国の商慣行とビジネス風土を検討している。特にリスクに対する考え方の違いが独特の商慣行を生み出していること等について論じている。

第10章では，90年代に驚異的な成長を誇ったアパレル製造小売業である「ユニクロ」の事業システムを取り上げている。そして，その仕組みと成功要因について論じている。

終章では，戦後のわが国繊維産業の発展と変貌の50年の軌跡を，前半の25年は，復興・発展期と位置づけ，後半の25年は，調整・改革期と位置づけて検証している。

これらの論文をまとめる際には，勤務していた東洋紡績（株）をはじめ繊維業界の多くの方々からご教示を頂いた。また，神戸大学の加護野忠男教授には研究フォーラムを通して有益なご示唆を頂いた。大阪大学の宮本又郎名誉教授（現関西学院大学大学院教授）と神戸大学の桑原哲也教授には歴史的認識の重要性についてご教示を頂いた。大学時代の恩師である関西学院大学名誉教授の吉田和夫先生には，満81歳を迎えられますますのご健勝をお祈りする次第である。大学院時代の恩師である神戸大学の故市原季一先生にも謝意を申し上げる。大阪学院短期大学学長の白井善康先生には，今回出版助成を頂き感謝を申し上げたい。そしていつも励ましてくれる妻順子にも感謝したいと思う。
　最後に，本書の出版を引き受けてくれた（株）千倉書房社長の千倉成示氏ならびに同社編集部長関口　聡氏，同編集部岩澤　孝氏に厚くお礼を申し上げたい。

　　　　　2006年10月

　　　　　　　　　　　　　　　　　　　　　　　　　地　引　　淳

目　　次

序章　事業システムの革新 …………………………………1
　はじめに …………………………………………………………1
　　1．事業システムの概念 …………………………………………2
　　　（1）事業システムとは何か …………………………………2
　　　（2）事業システムのパフォーマンス ………………………4
　　2．事業システムの設計思想 ……………………………………6
　　　（1）事業コンセプトと規模の経済 …………………………6
　　　（2）規模の経済を超えて ……………………………………9
　　3．情報化による事業システムの革新 …………………………11
　　　（1）市場範囲の拡大と在庫削減の効果 ……………………11
　　　（2）生産・流通システムの統合化 …………………………13
　おわりに …………………………………………………………16

第1章　生産・販売のシステム化 …………………………19
　はじめに …………………………………………………………19
　　1．生産・販売システムの概念 …………………………………20
　　　（1）生産・販売のシステム化とは何か ……………………20
　　　（2）生産・販売システムのパフォーマンス ………………22
　　2．生産・販売システムの編成原理 ……………………………24
　　　（1）多品種・多仕様・大量生産・販売システム …………24
　　　（2）フレキシブル生産・販売システム ……………………27
　　3．情報化の進展と生産・販売のシステム化 …………………29
　　　（1）情報化と生産・販売システムの変化 …………………29

（2）実需対応型生産・販売システムの構築 …………………31
　おわりに…………………………………………………………………34

第2章　流通システムと生産・販売システムとの統合化
…………………………………………………………………37

　はじめに…………………………………………………………………37
　　1．流通システムの概念 …………………………………………38
　　　（1）流通システムとは何か …………………………………38
　　　（2）流通システムのパフォーマンス ………………………40
　　2．流通システムの編成原理 ……………………………………42
　　　（1）商業者の介在原理 ………………………………………42
　　　（2）延期─投機の最適水準 …………………………………45
　　3．情報化の進展と生産・販売システムとの統合化 …………47
　　　（1）情報化と流通システムの変化 …………………………47
　　　（2）生産・販売システムとの統合化 ………………………50
　おわりに…………………………………………………………………52

第3章　リストラクチャリングとリエンジニアリング
…………………………………………………………………55

　はじめに…………………………………………………………………55
　　1．後ろ向き志向のリストラクチャリング ……………………56
　　　（1）事業の再構築 ……………………………………………56
　　　（2）事業の統廃合と人員の削減 ……………………………57
　　2．前向き志向のリエンジニアリング …………………………59
　　　（1）ビジネス・プロセスの再設計 …………………………59
　　　（2）組織の再構築と情報技術の活用 ………………………60
　　3．リストラクチャリングを超えて ……………………………63

（1）リエンジニアリングの意義 ……………………………63
　　　（2）リエンジニアリング推進上の問題点 ………………64
　おわりに…………………………………………………………66

第4章　情報リテラシーとマネジメント革新 ……69
　はじめに…………………………………………………………69
　1．情報技術が革新する企業活動 …………………………70
　　　（1）情報技術の急速な進歩 …………………………………70
　　　（2）コア・コンピタンスの革新 ……………………………72
　2．速度と創造のマネジメント ……………………………74
　　　（1）企業に求められる機敏性 ………………………………74
　　　（2）情報技術活用の仕組み …………………………………77
　3．日本型マネジメントの課題 ……………………………79
　　　（1）求められる組織の革新 …………………………………79
　　　（2）情報リテラシーの向上 …………………………………82
　おわりに…………………………………………………………84

第5章　ジャスト・イン・タイムとクイック・レスポンス
　　　　　…………………………………………………………87
　はじめに…………………………………………………………87
　1．マーケテイング志向のジャスト・イン・タイム ……88
　　　（1）実需対応型生産システム ………………………………88
　　　（2）ジャスト・イン・タイムのジレンマ …………………89
　2．トータルシステムとしてのクイック・レスポンス …92
　　　（1）クイック・レスポンスの展開 …………………………92
　　　（2）パートナーシップと情報の共有化 ……………………94
　3．ジャスト・イン・タイムを超えて ……………………96

（1）情報ネットワーク化の光と影 …………………………96
　　（2）生産・流通システムの変革 ……………………………97
　おわりに ………………………………………………………………99

第6章　アウトソーシングとその戦略的活用 …………101
　はじめに ………………………………………………………………101
　1．アウトソーシングの背景 ……………………………………102
　　（1）アウトソーシングの由来 ………………………………102
　　（2）コアビジネスの強化 ……………………………………104
　2．わが国企業のアウトソーシング ……………………………106
　　（1）アウトソーシングの現状 ………………………………106
　　（2）アウトソーシング活用のメリットと問題点 …………109
　3．アウトソーシングの戦略的活用 ……………………………113
　　（1）アウトソーシングの発展段階 …………………………113
　　（2）戦略的アウトソーシングの特徴 ………………………115
　おわりに ………………………………………………………………118

第7章　サプライチェーン・マネジメントの生成………121
　はじめに ………………………………………………………………121
　1．サプライチェーン・マネジメントの発展プロセス ………122
　　（1）ロジスティクスからの発展：QR から ECR へ ………122
　　（2）生産管理からの発展：MRP から ERP へ ……………125
　2．サプライチェーン・マネジメントの基本コンセプト ……127
　　（1）サプライチェーンの3つの流れ ………………………127
　　（2）サプライチェーン・マネジメントの3つの特徴 ……130
　3．サプライチェーン・マネジメントを支える情報技術……132
　　（1）企業間の情報通信技術 …………………………………132

（2）顧客情報の活用技術 …………………………………………135
　おわりに …………………………………………………………………137

第8章　サプライチェーン・マネジメントの展開………141
　　　　──繊維産業のケース──
　はじめに …………………………………………………………………141
　　1．成熟市場における課題 ………………………………………142
　　　（1）生産・流通システムの効率化 ………………………………142
　　　（2）需給ギャップの緩和 …………………………………………144
　　2．サプライチェーン・マネジメントの展開 …………………146
　　　（1）戦略的同盟の形成 ……………………………………………146
　　　（2）戦略的同盟の展開 ……………………………………………149
　　3．サプライチェーン・マネジメント展開の意義と課題……152
　　　（1）伝統的事業システムを超えて ………………………………152
　　　（2）商慣行と業務の見直し ………………………………………154
　おわりに …………………………………………………………………157

第9章　商慣行とビジネス風土 …………………………………161
　はじめに …………………………………………………………………161
　　1．商慣行の実態と問題点 ………………………………………162
　　　（1）メーカーによる流通系列化 …………………………………162
　　　（2）建値制・後値決め・事後調整 ………………………………164
　　　（3）委託加工販売・返品制・派遣店員 …………………………165
　　2．商慣行の背景とビジネス風土 ………………………………167
　　　（1）島国文化とビジネス風土 ……………………………………167
　　　（2）価格政策に見るわが国の風土 ………………………………169
　　　（3）日本と米国のビジネス風土 …………………………………170
　おわりに …………………………………………………………………173

第10章　ユニクロの事業システム …………177

はじめに …………177

1．ユニクロの発展経緯 …………178
  （1）カジュアルショップからカジュアルチェーンへ …………178
  （2）カジュアルチェーンからカジュアルダイレクトへ …………181

2．ユニクロの経営哲学 …………184
  （1）経営理念と企業倫理 …………184
  （2）カジュアル哲学とビジネスコンセプト …………187

3．ユニクロの事業システム …………189
  （1）ギャップとSPAの成立 …………189
  （2）ユニクロのSPA展開 …………192

おわりに …………194

終章　繊維産業の50年 …………197

はじめに …………197

1．復興・発展期（1945年～1970年） …………198
  （1）繊維産業の復興と過剰設備の表面化 …………198
  （2）合繊の工業化と発展 …………201
  （3）日米繊維交渉と輸出障壁 …………203

2．調整・改革期（1970年～1995年） …………205
  （1）ファッション化とアパレルの台頭 …………205
  （2）石油危機と構造不況 …………206
  （3）円高の定着と国際分業の進展 …………209

おわりに …………211

序章　事業システムの革新

は じ め に

　われわれが日頃，何気なく購入している商品やサービスの背後には，実にさまざまな活動と，それを調整する複雑な仕組みが隠されている。今日，われわれに提供されている多様な商品は，原材料の生産から，最終消費までの間にきわめて複雑な生産・流通システムをもっている。たとえば衣料品の場合，生産プロセスは，綿・糸の生産，織物・編物への加工，縫製加工というタテの流れを基本とするが，それに染色整理などの中間加工が加わり，きわめて多段階の構造をもっている。また川上から川中，川下にいたる各段階が，それぞれ個別の企業によって担当されているという水平分断構造を有している。さらに企業規模から見ると，川上には合繊メーカーや紡績メーカーなど少数の大企業が存在するが，川中および川下では，多数の中小零細企業によって担われている。加えて，流通プロセスの特徴として，商社や問屋などの卸企業が多数あり，生産の各段階にも介在していることがあげられる。このようにわが国繊維産業の生産・流通システムは，多数の生産企業に卸企業が加わり，さらに末端の消費者に直結する小売企業が加わって，太くて遅いパイプラインを構成している。
　生産・流通システムは，時代とともに変化していく。変化の原動力となるのは，主として技術であるが，その技術の変化が，事業システムの変化をもたらしている。とりわけ近年の情報伝達・処理技術の急激な発展によって，細くて速いパイプラインをもつ事業システムのさまざまな革新が生まれている。ここではこうした事業システムの革新について検討してみる。

1. 事業システムの概念

(1) 事業システムとは何か

　一般的に事業というのは，業の読み方によって次の3つの意味がある。1つは，「ぎょう」，つまり生業，2つは，「ごう」，つまり経営者の思い，3つは，「わざ」，つまり技術である。したがって事業とは，技術を基本とした経営行為を意味している。自社がどのような事業を行なっていくか，自社の使命は何かについての定義を行なうことは，近年企業ドメインの決定として重視されている[1]。ドメインとは生存領域のことである。事業の定義を確定することによって，将来に向けての事業展開の注目点が絞られ，企業としての一体感も形成されるのである。レビットは，1960年の論文で，「旅客輸送や貨物輸送の市場は成長しているのにもかかわらず，鉄道会社は自己を鉄道会社と定義づけたことにより衰退した」と指摘した[2]。事業の定義は，狭くとると，集中特化のメリットが発揮される反面，環境変化への対応や規模拡大への制約条件ともなり，逆に広くとると，競争優位を築くことが難しくなる。明らかに二律背反の関係にあるといえる。

　事業の広がりと差別化を定義する基本的な尺度として，アンゾフは，製品と市場という伝統的な枠組みを提唱した[3]が，エーベルは，顧客層と顧客に提供する機能と技術の3次元枠組みを指摘している[4]。この場合，顧客は，同一性にもとづいて各層に分けられる。その基準としては，人口統計的特徴や地理的特徴などがある。また機能には，純然たる機能と機能を遂行する方法と顧客が選択する属性とが含まれる。たとえば輸送は機能であり，鉄道輸送は方法であり，価格，快適性，安全性などは属性である。さらに技術は，ある顧客向け特定機能遂行のための代替的方法である。この意味でも技術は，顧客の問題解決の1つの形でもある。企業はさまざまな事業を展開している。個々の事業が一見緊密に結びついているように見えても，顧客層が違ったり，顧客に提供す

る機能が違ったり，代替技術が違ったりすると，事業基盤に共通性がなくなり，パワーが分散してしまう。その結果，特定の顧客や技術に集中特化している企業に，競争優位の地位を奪われてしまうことになる。このような厳しい企業間競争の中で生き残っていくためには，部分的に競争のない状態を作らなければならない。その基本的な手段が，差別化である。顧客にとって価値のある違いを作り出すことである。

　差別化は，次の2つのレベルで行なうことができる。1つは，個々の商品やサービスのレベルである。他社の商品やサービスとの間に違いを作るという方法である。2つは，事業の仕組みの差別化である。商品やサービスの開発のための要素技術をうまく使う仕組み，原材料や部品の調達の仕組み，生産の仕組み，販売と流通・物流の仕組み，アフターサービスの仕組みなどをベースにした，事業の仕組みの差別化である。仕組みの差別化は，一般的に目立たない。事業の仕組みの中には，外から見えないものが多いからである。顧客に見えるのは，商品やサービスであり，その背後にある仕組みではない。新商品は手にとって見ることができるが，それがどのような仕組みで作られ，われわれのところまで届けられたのかはわからないのである。事業の仕組みは，競争相手にも見えにくい。商品のように，他社の新製品を分解・解析して，その技術や構造を真似るというわけにはいかない。しかも，この仕組みは，企業の総合力を反映しており，それを一朝一夕に作り出すことは難しい。したがって，商品やサービスの競争優位は華々しいが長期間持続しないという特徴がある。

　これに対して，事業の仕組みの競争優位は目立たないが長期間持続するという性質をもっている。このような仕組みを，事業システムという[5]。商品やサービスの競争は目立ちやすいし，それがもたらす成功も華々しい。しかし，それは長期間持続しない。持続的に勝つためには，事業システムで競争優位を確立しなければならない。実際に，さまざまな産業で，長期にわたって勝ち続けてきた企業は，事業システムの差別化で競争優位を確立してきた。トヨタ自動車，松下電器，花王，キヤノン，東レなどである。事業システムでリードできなかった企業は，商品やサービスの差別化で勝負するしかないが，短期間で終

わることが多く，継続して勝ち続けることは難しい。そのため，トップ企業に挑戦し続けてきたチャレンジャー企業は，トップ企業とは異なった事業システムを作り出し，別の種類の競争優位を作り上げてきた。ホンダやソニー，東洋紡などは，強力なライバルとは異なる仕組みを作り上げてきた。しかし，トップ企業やチャレンジャー企業の事業システムの優位性も決して永遠のものではない。世の中が変化するとともに，かつては圧倒的な競争優位にあった事業システムも，その差別的優位性を失うことがある。それにかわって，新しい事業システムが現れてくるのである。

(2) 事業システムのパフォーマンス

このような事業システムは，産業によっても，企業によっても異なってくる。今日ある多様な事業システムは，歴史的な発展の産物であるから，その生成の過程を歴史的に検討していくことも十分意味がある。しかし，今日の事業システムのすべてが理にかなったものであるという保証はない。できればさまざまな事業システムが合理的なものかどうかを判断する基準があったほうがよい。この判断ができれば，事業システムを設計したり，改善したりするための手がかりを得ることができる。その判断基準となるのが，事業システムのパフォーマンスである[6]。

事業システムのパフォーマンスは，長期的にどの程度の付加価値を生み出すことができたのかによって評価される。しかし，事業システムのパフォーマンスを評価するためには，さらに次の2つの基準が必要である。1つは，リスクへの対応力である。リスクにどの程度対応できるかは，事業システムの重要な評価基準である。もう1つは，変化への適応力である。事業システムは，一定の期間持続するものであるから，その間に起こるさまざまな変化に対応できるだけの柔軟性があるかということである。このことをわが国の繊維産業について具体的に見てみよう。

繊維産業の事業システムは，原料から最終製品にいたるまでのすべての生産・流通段階に多数の卸企業が関与し，非常に複雑な構造となっている。それ

は基本的に，わが国の歴史的な社会構造と繊維産業の商品構成や市場構造に規定されて発展してきたものであり，それなりの機能的な合理性を備えていた。こうした事業システムは，繊維産業の生産と消費が安定的な推移を示していた時代では，パフォーマンスを発揮していた。しかし，最近のように中国の繊維産業の発展や円高による輸入品の急増といった，生産と消費の両面において不安定さを増す中で，国内需要に適合した高付加価値の繊維製品を生産・流通させていく事業システムという観点から見ると，むしろ欠陥も多く，非効率な事業システムとなっている。

　非効率性の第1は，各段階でのリスクへの対応力が不明確な点にある。繊維産業は，市場そのものが不確実性を帯びており，宿命的に大きいリスクを背負っている。それは先進諸国にも共通していることであるが，わが国の場合は，市場要因から派生するリスクに加えて，内部構造から派生するリスクを同時にかかえている。そのため，リスクの要因が複雑化するとともに，リスク負担が増幅されている。それは生産・流通の各段階の生産性格差からくる，企業間の結節点におけるリスクであり，そこから発注時や売買時における契約が不明確であったり，契約が忠実に履行されないなどの不合理な商慣行が生み出されているのである。

　非効率性の第2は，繊維製品における特異な価格形成にも見出される。卸売企業間の相互取引が盛んに行なわれる結果，卸売コストが肥大化し最終製品価格の割高化の原因となっている。生産加工部門は，最終需要よりも次段階の中間需要に焦点を絞った見込み生産方式を経営原理とし，最終製品の価格形成に対する関心が相対的に薄かった。流通部門では，売れ筋商品には高いマージンがかけられ，見込みはずれ商品は原価を割って販売されるのが当然とされていた。

　非効率性の第3は，情報の局面に見出される。それぞれの段階に位置する生産者や卸売業者の依拠する情報は，その直接的な取引相手からもたらされるものである。末端の小売業から各段階をさかのぼるにつれて，情報の伝達には時間的な遅れと歪みが生じることになる。売れ筋情報が不透明化している状況下

では，これは致命的弱点となる。またそこで流れている情報は，業界情報であり，相場や工賃の価格変動，生産や販売をめぐる一般的な情報が中心となっている。その上情報の流れは，同業者間を水平的に流れ，それだけに情報の内容も同質的となる。このことは1つヒット商品が生まれるとその類似商品が急増し，そして早期の過剰生産と市場の潰し合いという事態を招くことになるのである。

こうした事業システムの非効率性は，基本的にはわが国の繊維産業の構造特性に根ざすものであるといえる。すなわち，多くの生産企業は商品企画力や資本力に乏しいために，実需シーズンに先立つ加工備蓄資金の固定化に耐えられず，需要変化にともなうリスクや商品企画の錯誤によるリスクも自力では背負いきれないところから，商社など卸売企業にリスクをヘッジすると同時に，最終製品価格の決定権をも卸売企業に委ねてしまうが，そうしたところから，多くの非効率が生み出されてくるのである。したがって，非効率性を克服するためには，事業システムそのものを抜本的に改革する必要があるということになるが，それを短期間に成し遂げることは，何らかの外部的強制力をともなわずには不可能であろう。現実的な対応としては，経営力のある優れた企業が主軸となって事業システムを構成するさまざまな機能を統合化していく以外にはないのである。

2．事業システムの設計思想

(1) 事業コンセプトと規模の経済

事業システムは，対象とすべき顧客を設定することからはじまり，設定した顧客に対してどのような価値を提供するのかを決定し，次にそのような価値を実現するために必要な機能を特定し，さらに機能を実現するための業務を設計するまでの一連のプロセスである。「どのような顧客に」「どのような価値を提供しようとするか」についての基本的な考え方を，事業コンセプトという[7]。

ここからどのような特性をもった事業システムを形成すべきか,つまり「いかに」についての設計の指針が導き出される。すなわち事業コンセプトとは,「誰に」「何を」「いかに」という3つの問いに対する企業としての,経営者としての回答である。その際,顧客にとっての価値つまり顧客価値がいかに有効であるかが,重要な問題である。顧客は,商品を買ったりする時,その前にいろいろな期待をもっている。それは商品の内容や品質ばかりでなく,どのように自分が接客してもらえるか,などの期待水準である。もし顧客の期待よりも商品が良かったり,細かい気配りで,実際の対応のほうが期待よりも大きければ顧客は満足し,その逆ならば顧客は不満足となる。顧客の満足を得るには,対応を期待よりも大きくしたり,顧客のニーズに合う対応をすれば良いわけであるが,実際にはこれは非常に難しいことである。それは顧客1人ひとりの価値判断が違うからである。また顧客は商品やサービスの品質を評価するのに,「良いか悪いか」といった客観的な評価と,「好きか嫌いか」といった主観的な評価の2つの基準をもっている。商品の品質が安定し,供給量が十分な今日,顧客の商品やサービスの選択の目はより個人好みになってきている。つまり主観的な「好きか嫌いか」という評価が優先してきているのである。好き嫌いという評価は,客観化することが大変難しい尺度である。

　このように評価の難しさはあるが,焦点となる顧客に,意図された価値が提供されているかどうかが,事業システムの設計思想を決定づける基本的な考え方である。事業システムの設計思想は,時代によって変化する。70年代までの高度経済成長期に最も顕著な考え方は,規模の経済であった。規模の経済とは,企業の規模が大きくなるにつれて,製品の単位当たり費用が低下するため,大量生産と大量販売が可能になり,それによって効率化をはかるという設計思想である。

　経済学では,右下がりの長期費用曲線が規模の経済の存在を示すと考えられている。この費用曲線が永遠に下がり続けるか,それともどこかで反転して上昇しはじめるかが重要な問題である。もしどこかで上昇しはじめるのであれば,そこが最適規模ということになる。それ以上に規模が増大すれば,規模の不経

済が生じることになる。規模の不経済は，技術的な制約や組織上の制約などから生じる。技術的な制約とは，製造設備などの規模の拡大には技術的な限度があり，それを超える規模の拡大はかえって製造コストを増大させてしまうということである。また組織上の制約とは，組織の規模が拡大すると，組織内のコミュニケーションにより多くの時間がかかるようになり，伝達のプロセスでの情報の歪みの危険も多くなる。その結果として，意思決定のスピードが遅れたり，適切な意思決定ができなくなってしまうという現象である。これらの不経済が，規模の経済を凌駕しはじめると，企業全体でも規模の不経済が生じるのである。

　高度経済成長期の技術革新や競争圧力は，競争に必要な規模を引き上げる傾向にあり，規模の経済をいかんなく発揮することに終始した。しかし，現在では，市場の細分化による製品の差別化や市場や技術の変化率の上昇，とりわけ情報技術の急速な発展にともなって，規模の経済の重要性は低下する傾向にある。その典型として，わが国合繊産業について概観してみよう。

　合繊が本格的に企業化されはじめたのは，1950年代初頭である。50年にクラレと大日本紡績が国産技術によるビニロンを企業化し，翌51年に，東レがデュポン社との技術提携によりナイロンを企業化した。その後，50年代後半から60年代前半にかけて，多数の合繊が企業化されたが，結局，ポリエステル，ナイロン，アクリルという汎用性のある三大合繊への生産の集中化が進むことになった。また，60年代後半から70年代にかけて，生産規模の大型化による規模の経済の追求が急ピッチで進み，重合の連続化や紡糸・延伸の高速化，連続化などのコストダウン対策が推進された。他方，合繊産業の発展は，関連部門の技術発展を触発し，その技術発展が合繊の需要拡大に大きく寄与するという好循環が展開された。原料段階である石油化学の技術発展はその1つであり，それによってもたらされた合繊原料価格の著しい低減は，合繊のいっそうの成長を可能にした。70年代に入るとともに，合繊はようやく需要の成熟期を迎え，近隣発展途上国の合繊生産への参入や第一次石油危機を契機とする構造不況に呻吟することになった。総じていえば，第一次石油危機前後までの繊維産業は，

合繊の発明という歴史的な技術革新によって活力を与えられ，規模の経済を発揮した合繊を軸として展開してきたといえよう。

(2) 規模の経済を超えて

繊維をはじめ，電機，流通など，日本の基幹となる産業では，成長期には，規模を大きくすることによって効率性や有効性を高める規模の経済の論理が支配的であった。メーカーは，より大量の生産ができるように大きな工場を作り，また流通チェーンは，店舗の大きさと店舗数の拡大を目指してきた。そのために，できるだけ多くの活動を自社で統制できるような統合的な事業システムが作り出されてきた。しかし近年では，規模の経済を重視した事業システムが揺らぎはじめている。もちろん，依然として素材メーカーなど，規模の経済が支配している業界もある。

しかし，規模の経済が必ずしも競争優位の源泉ではないという業界が増えてきている。規模が小さくても戦える新しい事業システムが生み出されているのである。1990年代になって，このような変化が顕著に見られるようになった。

なぜそのような変化が起きたのであろうか。その契機となったのが，情報・通信技術の急激な発展である。通信技術の革新は，新しい事業システムを生み出すきっかけになることが多い。電信技術の発達は，米国の鉄道業で巨大企業の成立をうながした。それと同じような変化が，情報・通信技術の革新をきっかけとして，さまざまな産業分野で起こっている。情報・通信技術の発展にともなって，経営資源としての情報の有効活用の可能性が増すとともに，規模の経済を越えた新しい経済の論理を目指した革新がより活発となってきた。

1つは，範囲の経済であり，もう1つは，速度の経済という論理である。

範囲の経済とは，異質な事業の適切な組合せによって，経済的な効果が高まるという現象を指す。それが可能になるのは，情報という経営資源が次のような3つの性質をもっているからである[8]。第1に，情報は，日常の経営活動から自然に蓄積されるという性質をもっている。その蓄積のコストはすでに仕事のコストに含まれており，あまりコストはかからない。第2に，情報は，何度

も使えるという性質をもっている。この性質を多重利用可能性という。この性質によって，情報の獲得・蓄積コストは，分散され，情報をより安い費用で使うことができるのである。第3に，情報は，同じものをいくらたくさん集めても，価値は増えないという性質をもっている。むしろ，違う情報を蓄積することによって，価値が生み出される可能性が出てくる。

　以上の3つの性質から，範囲の経済，つまり異質な事業を適切に組み合わせることによって，経済的な効果が生み出されるのである。範囲の経済は情報からだけ，生み出されるのではない。しかし，情報は，範囲の経済の重要な源泉なのである。

　情報という経営資源を有効活用することによって，リスクを削減し，ムダを排除することが可能になる。それによって，商品の生産・販売の回転速度を上昇させ，効率性や有効性を高めることができる。これが速度の経済である。速度の経済を目指した事業システム構築のカギとなるのは，情報ネットワークとロジスティクスである。情報がないと速度の経済を実現できないが，ロジスティクスがしっかりしていないと，せっかくの情報をうまく利用できないからである。この速度の経済を取り入れた事業システムの原型をなすと考えられるのは，トヨタ自動車のジャスト・イン・タイム（カンバン方式）である。

　ジャスト・イン・タイムとは，基本的に必要なものを，必要な時に，必要な量だけムダなく生産するために，部品企業をも巻き込んで生み出された事業システムである。速度の経済を実現しようとすると，流通プロセスだけ考えるのは限界がある。それよりも上流の生産プロセス，さらには原料や部品生産プロセスのスピードアップも必要である。川上から川下まで一貫した細くて速いパイプラインを構築する必要がある。現在のように目まぐるしく変化する市場環境のもとでは，従来のようにあらかじめ狙いを定めてヒット商品を作ることは難しい。商品を実際に店頭に置いてみて，売れるかどうかを確かめ，売れれば補充し，回転率をあげ，売れなければ死に筋として素早く次の商品に切り替えるというやり方が求められている。このことを効率的に行なうためには，細くて速いパイプラインが必要なのである。このようなプロセス管理は，サプライ

チェーン・マネジメント（SCM）と呼ばれ，繊維業界でもその取り組みが強化されている。これは必ずしも企業のタテの統合を意味するものではない。必要なのはタテの調整であって，統合ではない。それは戦略的同盟と呼ばれている。しかし逆に，統合した場合のほうが調整がうまくいく場合もある。第10章で述べるユニクロの事業システムは，商品企画，生産，物流，販売という統合型が採用されている。

　近年，台頭してきているもう1つの新しい事業システムの設計思想は，業務のアウトソーシングである。事業システムを構成する業務のうち，非基幹業務を外部化，つまり外部の企業に委託するという考え方である。それによって自社の業務をコア・コンピタンス[9]（中核能力）に集中特化し，全体として効率性と有効性を高めるという論理である。

3．情報化による事業システムの革新

（1）市場範囲の拡大と在庫削減の効果

　近年の情報伝達・処理技術の急激な発展によって，メーカーは，自社情報システムを構築し，製品開発プロセスの適性化と受発信システムの短サイクル化を実現している。一方小売業では，小売店頭で自動的に発生するPOSデータ（販売時点情報管理）や商品発注時に自動的に生成されるEOSデータ（電子発注情報）などによる革新的な情報システムの構築が進展している。このような電子的取引データが活用できるようになると，物の流れを制御するやり方に変化が起こってくる。基本的には現物に依存していた販売在庫管理システムが，より精緻な制御システムに進化するのである。

　まず，時間軸との関連で，取引データが即時に伝達可能になることで，販売と在庫のデータの更新頻度が高まる。しかも，データの更新は自動的に行なわれる。つぎに，空間軸との関連では，商品の管理単位がきめ細かくなる。カテゴリー別・ケース単位での商品管理が，商品コードが統一化され，一般化され

ることによって，単品別・バラ単位での管理に変化する。さらに，電子的データがもつ高速演算処理能力によって，単品データを商品カテゴリーに結びつけることが可能になる。通常，この操作は，商品マスターファイルを介して管理されている。

　つぎに，販売量や発注量が，単品ごとにリアルタイムで正確に把握できるようになるので，販売予測の精度が格段に向上する。取引データの電子化で，販売予測と実績を対比して両者のギャップを監視しながらものの流れを制御するという新しい機能が追加されるからである。実績にかなり近いこの販売予測を活用して，コンピュータ上ではものの動きを事前にシミュレートできるようになる。いわば，情報利用によって，将来起こる出来事を先行的に把握して事態に対処する準備ができるのである。このように情報と商品の処理速度が，コンピュータや情報ネットワークによって早まってくると，売り手にとって地理的な市場範囲を拡大させるとともに，流通段階での在庫を削減するという効果を生み出す。

　物流システムの合理化や自動化，流通センターでの自動仕分けシステム，情報技術を利用した輸送システム，たとえばクロネコヤマトに代表される宅配便の貨物追跡情報システムなどによって，商品の輸送時間が短縮されると，受注から納品までのリードタイムが短くなる。その結果，商品が販売できる地理的な市場範囲が拡大する。市場の大きさは，片道半径の自乗に比例して大きくなるので，輸送時間を半分に短縮すれば，同じ時間で輸送できる距離が倍になって，市場の大きさは4倍になる[10]。片道の配送時間を基準に物流センターの立地を決める場合，それまで4つあった物流センターが1カ所に集約できるのである。これが，大手メーカーや流通業が推進している物流センター統合と広域化の理由の1つとなっている。

　情報化の進展によって個々の売り手にとっての市場範囲が拡大している具体的な事例は，ダイレクト・マーケティングの成長に見ることができる。ここでは，消費者が直接商品を発注するので，売り手にとって対象市場の地理的限界がほとんど意味をもたなくなっている。全国市場，場合によっては全世界を対

3. 情報化による事業システムの革新

象にビジネスができるのである。

　つぎに，情報の伝達・処理速度が向上すると流通段階の在庫が圧縮される。最適発注量の公式によると，最適在庫量は期間当たり需要量の平方根に比例する[11]。したがって，物流センターに在庫を集約できて4倍の需要を満たせば，最適在庫量は半分になる。また，納期が半分に短縮できれば，期間需要量も半分になり，補充のための平均在庫量はもとの約70％に減少する。納期が早くなると安全在庫をもつ必要も小さくなるから，実際の在庫量はそれ以上に削減できるのである。

　流通在庫の圧縮効果は，発注情報伝達の即時性，データ入力作業の経済性および小売店頭での棚スペース生産性からでも説明できる。商品の発注方式が自動化することで，1回当たりの発注コストが削減できる。さらに在庫維持費の上昇は多頻度少量発注を合理的にする。小売店頭在庫は，この2つの相乗効果でさらに圧縮されるのである。

　このことを具体的な事業システムを通して見てみよう。各小売店にパソコンを配置し，そこから入ってくる発注情報をメーカーが取り次いで卸に流すと同時に，メーカーに蓄積された受注情報は各小売店にも公開され，どのような商品がよく売れているかの売れ筋情報が共有できる事業システムを事例とする。そこでは各小売店はパソコンから売れ筋情報を入手し，それをもとに発注情報を入力する。メーカーは，それをコンピュータで卸ごとに集計し，卸からは単品別・バラ単位で商品が配送される。卸は各小売店からの受注商品を仕分けし，共同で小売店に配送する。小売店は棚スペース以外に在庫をもっていないから，在庫は最小限度の保有ですむ。つぎの発注までに売れそうな量だけをもっていればよい。このようにして，少ない在庫で売れ筋の商品をうまく回転させることによって，在庫投資の回転率も大幅に改善されるのである。

(2) 生産・流通システムの統合化

　情報化がものの流れの制御方式を変えるという上記での議論を受けて，ここでは，情報化が生産・流通システムの統合を促進するという側面について考察

する。電子的データの特性の1つとして，情報の共有化をうながすという性質がある。情報の共有には，供給側と需要側の2つの側面がある。商品を供給する側での情報の共有化は，経営の効率性と有効性を一段と高める。

　一方，需要側での情報の共有化は，市場を均質化する傾向にある。たとえば，都市と地方のファッションに関する情報格差は縮まっているし，ファッションにおける時差や世代差も消滅しつつある。生産・流通システムを情報によって連結し互いの情報を共有し共用すれば，システム環境の不確実性は減少する。不確実性を減少できれば，生産・流通システムにとっての経済的な利益が高まることは確実である。情報によって生産・流通システムを連結せずに，自らの組織が保有する在庫量だけを見て，システムを構成する企業が勝手に商品を発注すると，最終需要の変動以上に生産・流通システム内の在庫が大きく変動することが知られている[12]。これは構成企業が部分最適な行動をとっていると，環境の不確実性がシステム内で増幅されるという例示でもある。

　またこれは情報による生産・流通システムの連結が環境の不確実性を吸収する有力な手段であることを示している。それゆえ生産・流通システムがいったん統合されれば，情報の客観性・透明性が組織をヒエラルヒー型からネットワーク型へ変えて，内部の対立を解消することに貢献する。また組織内部からはだれでも自由に情報にアクセスできることで，組織の求心力も高められる。現場担当者がもっている詳細で正確な情報の利用価値はますます高まり，日常的な意思決定はラインに委譲される。この意思決定の分散化は，電子的データのもつ即時伝達能力と高速演算能力という性質によってもたらされたものである。すなわち，情報システムが小売店頭や物流センターなどの現場と連動しているからである。このような情報処理と意思決定の分散化は，セブン-イレブンのPOS情報の活用によく現れている。セブン-イレブンでは，発注作業においても現場が主導して，仮説検証作業の繰り返しによって，市場のニーズを的確に読み取るという「仮説検証型事業システム[13]」が構築されている。

　生産・流通システム統合化の効果としては，つぎの3点が指摘される。まず第1に，製品企画や設計の決定を消費者の購入時にできれば，つまり見込み生

産が，受注生産のようになれば，製品の売れ残るリスクは減少する。第2に，生産・在庫の動向を，最終の販売動向に見合って逐次調整できれば，必要とされる各段階の流通在庫は減少する。第3に，設計・生産・在庫から物流，販売にいたるコストが大幅に低下する可能性がある。それは完成品形態での在庫や輸送が極力抑えられて，原材料形態での在庫や輸送の割合が大きくなる。それがコストの節約に結びつくからである。

　生産・流通システム統合化のメリットを追求することによって，メーカーの市場戦略は大きく変化してくることになる[14]。第1は，市場リスクが最小化されれば，まず，系列化の意義が薄れる。むしろ，販売時点からの情報によって，設計・生産・在庫・流通のスピードアップをはかるために，そのプロセスを統合することが重要になる。第2は，製品政策も大きく変わることである。系列化によってうながされた幅広い製品ラインやたえざる製品革新は，その意義は小さくなる。むしろ，速度の経済のために，製品種類の絞り込みや，安定した売れ行きを保証する定番商品の育成が重要視されるようになる。このような統合化された生産・流通システムで，とりわけ重要になってくるのが，生産プロセスである。スピードアップをはかるためには，商品を低コストで，必要な時に必要な量だけ生産することができる多品種少量逐次生産システムが不可欠である。

　流通だけをスピードアップしても，生産システムがそれについていけなければ，大量の在庫が必要になる。在庫を削減してしまうと，在庫切れが起こって機会損失が発生する。ここでカギになるのは，生産プロセスのどこで多様性をもたせるかということと，いかに生産量の平準化をはかるか，という問題である。多様な商品を受注生産方式で作るとなると大変なコストがかかってしまう。合理的なコストの範囲内でスピードをあげようとすると，どの段階で多様性を生み出すかの工夫が必要なのである。ベネトンや日本編物は，縫製や編みあげの段階では大量生産を行ない，染色の段階で多様性を生み出すという工夫を行なっている[15]。注文に応じた生産は，生産量に大きな変動が出てくるという問題がある。需要変動が直接生産に跳ね返ってくるからである。需要変動に合

わせて生産活動を行なっていると、コストがかかりすぎる。変動にともなうコストを減らそうとすると、生産量を平準化させる工夫が必要になってくる。このような工夫がなければ、需要に合わせた多品種少量生産システムは、効率化にはつながらない可能性がある。

おわりに

　情報伝達・処理技術の発展によって、事業システムのさまざまな革新がいろいろな産業で生まれている。成熟化した繊維産業においても、このような革新は起こっている。素材メーカーや商社などでは、原料から製品にいたるまでの垂直的な一貫生産体制の構築が進んでいる。紡績は、糸からテキスタイル、さらに製品販売へ、染色メーカーは、染めの次工程である縫製分野に参入し、ニットメーカーは、糸から編み立て、製品販売まで一挙に手がけるなど、物作りでの一貫生産が本格化してきた。また、小売業とのパートナーシップにもとづく垂直的な戦略的同盟も急速に拡大している。いずれも、これまでの太くて遅いパイプラインから細くて速いパイプラインをもつ事業システムの構築を目指している。

　繊維産業のような歴史のある伝統的な産業では、事業システムの革新は、言うは易いが行ないは難しいとされている。それは成功した企業では、長い間に非常に強固な価値観の連鎖ができあがってしまうので、それを組み替えることは至難の技であるからである。しかし、その価値観の連鎖をうまく組み替えていかないと生き残っていけないこともまた確かなことである。新しい設計思想をもった事業システムもよく見てみると、まったく新しい考え方で出てきたのではなく、以前からあった考え方を新しい業態でうまく利用しているにすぎないのである。いうまでもなく企業は利益をあげることを目的とし、その手段として事業を行なっている。事業が成り立っていくためには、時代とともに変化する顧客価値に適応した事業システムを構築していく必要があるのである。

(1) 榊原清則『企業ドメインの戦略論』中公新書，1992年参照。
(2) T. Levit, "Marketing Myopia", *Harvard Business Review*, Vol. 38, NO. 4, July/August, 1960参照。
(3) H. Igor Ansoff, *Corporate Strategy*, McGraw-Hill, New York, 1965参照。
(4) D. F. エーベル著，石井淳蔵訳『事業の定義』千倉書房，1984年参照。
(5) 加護野忠男『競争優位のシステム』PHP新書，1999年，p. 23参照。
(6) 加護野忠男「事業システムの設計思想」日本経済新聞『やさしい経済学』1997年9月19日参照。
(7) 加護野忠男，前掲書，p. 55参照。
(8) 加護野忠男・石井淳蔵編著『伝統と革新』千倉書房，1991年，p. 158参照。
(9) G. ハメル&C. K. プラハラード共著，一條和生訳『コア・コンピタンス経営』日本経済新聞社，1995年参照。
(10) 矢作敏行・小川孔輔・吉田健二共著『生・販統合マーケティング・システム』白桃書房，1993年，p. 40参照。
(11) 同上書，p. 51参照。
(12) J. W. Forrester, *Industrial Dynamics*, MIT Press, 1961参照。
(13) 加護野忠男，前掲書，p. 85参照。
(14) 石井淳蔵・奥村昭博・加護野忠男・野中郁次郎共著『経営戦略論（新版）』有斐閣，1996年，p. 61参照。
(15) 加護野忠男，前掲書，p. 82参照。

第1章　生産・販売のシステム化

はじめに

　企業の事業活動の主要部分を担い，付加価値を生み出す原点の生産と付加価値を実現する販売のシステムは，近年，脱工業化，地球環境問題，情報化やグローバリゼーションの進行とともに，従来とは比較にならないほど多様化している。そのために多くのジレンマが発生しており[1]，その解決策が求められている。ものを作る活動としての生産とは，ある対象物に何らかの手段を加えて，その形態や性能などを変化させて，目的に適した経済財に変換することをいう。
　しかし近年，生産とは，ものの変形ではなく，設計情報の転写であるという情報価値説に立つ生産システム観という考え方も出てきている[2]。いずれにせよ生産と販売には，人々の協働と協力が必要であり，人間の生存に必要な基本的行為の場での社会関係が形成されるので，生産と販売は人間の社会的行為の原点を意味している。
　生産・販売といえば，一般には工業を想像することが多いが，産出過程が計画的，系統的に行なわれていれば，農業や漁業，商業やサービス業においても生産・販売という概念に包括される。生産・販売活動を生産物の類似性を基準に分類すると，原料・素材を扱う素材の生産・販売，素材を加工する工業製品の生産・販売，ソフトウェアを中心としたサービスの生産・販売の3つに大別される。そして広義の生産・販売は，産業（industry）と呼ばれる。また生産活動の下位概念として製造（manufacture）がある。製造とは，有形物資の物理的または化学的形態や性能などを変えて，製品に変換する活動をいう。こうした生産の変換プロセスへの投入物は，生産要素と呼ばれており，人，機械，材料，方法の4要素がある。ここではこうした生産・販売のシステム化につい

て検討してみる。

1．生産・販売システムの概念

（1）生産・販売のシステム化とは何か

　まず生産・販売のシステム化とは何かを考えてみる。企業における生産・販売活動のねらいは，単にものを作って，販売することではなく，事業として売れるものを作って，企業が存続・発展していくための売上と利益を生み出す仕組みを構築することにある。売上を伸ばすためには，品質が良くて，価格が安いものを，納期通りにタイミングよく顧客に提供する必要がある。これに売る時と売った後のサービスの要素を加えると，売上を決めるのは，品質，価格，納期，サービスの4要素となる。一方，顧客は商品を購入する場合，価格に見合う一定の金額を支払い，その金額に応じた満足が得られることを期待する。その際，品質が悪かったり，納期がルーズだったり，サービスが悪かったりすると，顧客の不満が増えて，売れなくなる。このような顧客の満足度を確保した上で，いかに安く作るかという原価の要素が企業の利益を決めることになる。したがって，生産・販売活動においては，次に示すような生産・販売のサイクルを連携を取りながら，いかにスムーズに回転させていくかが大切になってくるのである。生産・販売のサイクルの中でも，特に生産活動の源流である販売予測と商品の企画・設計は，品質管理の上で最も重要である。そこを手抜きにしておいて商品の製造だけがいくら頑張っても良いものが安くできるというわけにはいかない。また商品の企画・設計部門をもたずに，納入先からの設計仕様にもとづいて製造している企業でも，生産の計画・準備と納入先の満足度の調査を中心に，生産・販売活動を連動させることが大切である。また各段階で一生懸命にやっても，それぞれの活動がバラバラで連携がとれていないと，生産・販売のサイクルはうまく機能しない。生産・販売活動がうまく機能するように，事前検討を十分にすること，さらにそれまでの経験を生かした工夫や改

1. 生産・販売システムの概念　21

表1　生産・販売のサイクル

何が売れるか	―	販売予測
何を作るか	―	商品の企画・設計
いつどう作るか	―	生産の計画・準備
資源を準備する	―	生産要素の調達
実際にものを作る	―	商品の製造
作ったものを売る	―	商品の販売

善を積み重ねることが大切である。つまりいろいろな工夫をしながら生産・販売のサイクルを向上させていくことが，生産・販売のシステム化の原点である。単なるもの作りではなく，生産・販売のサイクルを考える最終的なねらいは，「良い製品を，安く，早く作る」ことにある[3]。

このような第1次的な企業目的のための管理手法は，第1次管理と呼ばれる。つまり「良い製品を，安く，早く作る」ためには，品質管理，原価管理，工程管理の手法が必要とされるのである。またそれ以外にも種々の名称をもった管理手法があるが，これらを総称して第2次管理と呼ばれる。たとえば生産に必要な4つの要素をどのように管理し，活用したらよいかという観点から生産活動を見た場合には，労務管理，資材管理，在庫管理など個別の数多くの管理内容がある。このような生産活動に関わる管理を総合したものが，生産システムの管理体系である。

つぎに売上と利益を生み出す仕組みについて考えてみる。売上を伸ばすためには，顧客の満足度を高めるような製品の品質をどう作り込んで，それを実現していくか，いかにして安い価格でものを販売していくか，顧客の厳しい納期の要求にいかに対応していくか，事前・事後のサービスをいかに行なっていくか，という点に工夫して，顧客の満足度を高めていくことが大切である。多くの企業では，品質管理活動に力を入れているが，品質には2つの側面があって，売上の足を引っ張る品質と売上を伸ばす品質とがある。他社より悪い品質の製品や不良品を出荷すると信用は落ち，その結果，売上も落ちるのでこれを改善

することは大切である。しかし，それが良くなっても他社並みになったというだけで，それで売上が伸びるというわけにはいかない。このように顧客の満足度が上がらない品質を，売上の足を引っ張る品質という。

これに対して，現在の品質レベルで，同業他社と比較してそれほど差がなく，さらに良くなれば他社と差別化できて魅力的な特性や機能をもった商品となるような品質を，売上を伸ばす品質という。他社にない差異性をもった品質の商品やサービスを提供していく仕組みを構築することが求められている。

(2) 生産・販売システムのパフォーマンス

生産・販売システムのパフォーマンスとは，生産・販売活動をいかに効率よく行なうかという生産性の向上にある。生産・販売活動を効率よく行なうためには，生産・販売のサイクルの各段階をきめ細かく管理することが必要である。管理活動を実現するためには，事前に計画（Plan）を立て，その通りに実行（Do）し，その結果が計画通りであるかを確認（Check）し，その行動を修正する処置（Action）をとるという4つのステップが必要である。この4つのステップを，もう少し詳しく説明してみる。

第1は，計画を立てる段階である。計画を立てるに当たっては，まず目的を明確にし，品質特性（管理項目）を決めること。次に目標値を決めること。最後に目標を達成する方策や方法を決めること，の3つが重要である。

第2は，実施する段階である。この段階を細分化すると，まず仕事のやり方を教育・訓練すること。次に計画通りに実施すること。最後に決められたやり方で品質特性について事実データをとること，の3つに分けられる。

第3は，確認する段階である。管理活動の状況および結果を調べて評価し，確認する。まず標準通りの作業が行なわれたかを調べる。次にいろいろな測定値や試験の結果が基準と合っているかを調べる。最後に品質特性が目標値と合っているかを調べる。

第4は，処置する段階である。第3段階で調べた結果にもとづいて，修正や再発防止の処置をとったり，仕事の仕組みややり方をより良くするように改め

表2　生産・販売システムの管理プロセス

管理目的	良い製品を	安　く	早　く
管理区分	品質管理	原価管理	工程管理
Plan	計画・標準の設定		
Do	生　産　活　動		
Check	標準と実績との差異分析		
Action	差異分析・差異原因の除去		

ることである。

　この Plan, Do, Check, Action（PDCA）は，管理サイクルと呼ばれる。そして PDCAPDCA…と繰り返すことを，管理サイクルを回すという。生産・販売活動の第1次管理でいえば，「良い製品を」作るために PDCA を回すことが，品質管理であり，「安く」作るために PDCA を回すことが，原価管理であり，「早く」作るために PDCA を回すことが，工程管理である。PDCA を回すことは，レベルアップしていく過程である。つまり生産・販売システム全体を維持・改善し，レベルアップしていくことが，生産・販売システムのパフォーマンスである。部門別だけを見ていると，各部門の効率のみを追いかける管理をやりかねないので，「良い製品を，安く，早く」作るという管理目的で，生産・販売システム全体を横通しした見方をすることが必要となる。このような見方は，機能別管理と呼ばれるが，いずれの管理目的に対しても，管理のプロセスは共通であるから，生産・販売の管理プロセスは，表2のようになる[4]。

　品質管理は，買い手の要求を事前にとらえ，それに合った品質の製品やサービスを作り出すための管理活動である。そのため品質管理部門や検査部門だけでは不可能であり，全社的な品質管理活動を推進しなくては効果がでない。原価管理は，原価計算によって得られる原価情報を利用して，標準原価の維持や原価低減を組織的に行なう活動である。原価管理も，原価管理部門や管理部門だけに任せておくのではなく，技術部門や製造部門なども含んだ活動となる。

工程管理は，所定の品質，原価，数量の製品を，所定の納期に生産するために，工場内の諸資源を総合的に統制し，経済的な生産を実施するための管理活動である。納期管理とも大いに関連しているので，販売部門や製造部門などと連携して，活動していく必要がある。

このように管理活動は，個別に行なわれるものではなく，お互いに関連し合って全社的かつ総合的に行なわれなくてはならない。生産・販売システムの管理プロセスは，うまい計画を立てる工夫をし，実施した結果からどこに問題があるかを把握し，その問題を早く解決し，そこから得られた情報を共有し，各分野の固有技術の向上に役立てることが大切である。こうした管理プロセスをスムーズに進めていく技術は，管理技術と呼ばれている。管理技術のねらいは，問題を発見し，問題を解決する能力を高めることである。

これまでは計画をいかに立てるかに重点が置かれていたが，今日では，管理技術に重点が移ってきている。その最も集大成されたのが，「トヨタの生産・販売システム[5]」である。この管理技術によって，トヨタ自動車は20世紀後半以降の日本を代表する「安定して強い会社[6]」の1つとなっているのである。

2．生産・販売システムの編成原理

(1) 多品種・多仕様・大量生産・販売システム

現代の大企業は，多かれ少なかれ多品種・多仕様・大量生産・販売システムに立脚している。大量生産・販売システムは，製品単位当たりの生産・販売コストを大幅に引き下げることによって，競争優位を実現する20世紀初頭以降の生産・販売システムの編成原理である。そのためには，それ相応の生産量と販売量を確保することが必要である。それは大量生産・販売システムでは，設備などの固定資本が巨額になるので，目標生産量に達しないと，製品単位当たりの生産コストが逆に大幅に上昇するからである。

この結果，ひとたび大量生産・販売システムが構築されると大量の製品が継

続的に生産・販売されるので，必然的に市場では，販売競争が激化する。企業は激化した販売競争に対して，市場のニーズに沿った製品展開が必要となり，顧客のさまざまな要求に応じて製品の種類が増加する。こうして企業は，次第に多品種・多仕様・大量生産・販売に向かうことになる。多品種・多仕様・大量生産・販売システムは，多品種・多仕様な製品種類を生産・販売することによって販売機会を拡大し，同時に一定以上の販売量を確保して大量生産を支え，それによって生産コストを引き下げるシステムである。

ここでいう多品種とは，アパレル企業を例にとれば，服種の多さを指し，多仕様とは，服種の素材，デザイン，色柄，サイズなどの仕様要素の組合せによる製品バラエティを指す。製品バラエティが増えるに従って，製造の設定条件の変更やロットの組替えにともなう段取り替えが必要となり，生産・販売の効率性が阻害されかねない。さらに大量生産システムは，多くの場合，複数の生産段階の垂直統合からなるため，個々の生産段階での効率性だけでなく，いくつかの生産段階相互の有機的連携をはかって，生産システム全体の効率性が保持されなければならない。

ところが，このことも製品種類が多くなればなるほど難しくなる。製品種類が多様になると，ものの流れが複雑になり，錯綜するからである。そればかりではない。製品種類が多様になればなるほど，何が，いつ，どれだけ売れるかを予測することが難しくなる。もし見込生産であれば，販売予測にもとづいて立てた生産計画が的確でないと製品が売れ残り，製品在庫負担によるコストアップ要因をかかえることになる。企業が製品在庫負担を避けるには，注文にもとづく生産，つまり受注生産にすればよい。

しかし，受注生産の場合には，注文を処理し，効率的な生産計画を策定し，それにもとづいて生産指示がなされるまでの計画時間や，生産指示を受けて生産が開始され，いくつかの工程を経過して製品が完成するまでのリードタイムは長くなる。

この結果，注文を受けてから製品を引き渡すまでの時間，すなわち納期の長期化は避けられない。特に製品種類が多様化すればするほど，ものの流れは複

雑になるので，納期は長期化する傾向にある。ところが多くの場合，顧客は短い納期を望むので，納期が長いと販売機会を喪失しかねない。このように見込生産は，納期を短縮するが在庫を過大にしかねない。

一方，受注生産は，在庫問題を解決するが納期を長期化しかねない。多品種・多仕様・大量生産・販売システムは，大企業の生産・販売システムの必然的な発展方向であるが，同時にそれは，生産と販売の効率性を阻害する，在庫を増大させる，納期を長引かせるなど，本来の目的と矛盾する新たなコストアップ要因や販売機会の喪失要因を内包することになる。

それでは，多品種・多仕様・大量生産・販売システムにともなう在庫と納期のトレードオフ関係はどのように解決されるのだろうか。そのためには次の2つの条件のいずれかが成り立てばよい[7]。

1つは，見込生産であっても在庫をゼロにできればよい。つまり，正確な販売予測が可能であればよい。いつ，何が，どれだけ売れるかを正確に知ることができれば，この販売予測にもとづいて生産計画を立て，それを実施すればよく，その結果，売れる時点に合わせて，売れるものを売れるだけ生産することができる。つまり，売れる製品が売れる量だけ，売れる時点に合わせて生産されるので，製品在庫をもつ必要もないのである。

もう1つの条件は，受注生産であっても納期をゼロにできればよい。そのためには注文を処理し，生産計画を立てる時間および計画にもとづいて生産を開始し，製品を得るまでに必要な生産のリードタイムをともにゼロにできればよい。そうであれば注文を受けた時点で瞬時に計画し，かつ生産することができて納期はゼロにできる。この結果，顧客の短納期要求を完全に充足することができる。もちろん，正確な販売予測も，計画時間と生産のリードタイムをゼロにすることも実際には不可能に近い。しかし，企業が多品種・多仕様・大量生産・販売システムを展開しながら在庫を削減し，納期を短縮することを目指すのであれば，できる限り販売予測の精度を上げ，できる限り計画時間と生産のリードタイムを短縮しなければならない。

(2) フレキシブル生産・販売システム

　企業は，見込生産であれ，受注生産であれ，ある時点で自らの販売予測か，注文にもとづいて生産計画を策定し，それによって生産を行なっている。この生産計画を販売動向に沿って，迅速に修正，変更することができれば，販売動向に応じた生産が可能となり，在庫負担と納期の長期化は解消できる。

　しかし，問題はこうした販売動向を迅速に反映する生産計画の変更が生産の効率化と両立しうるかである。企業は個々の生産段階のみならず，複数の生産段階の有機的な連携をはかり，錯綜するものの流れを整え，効率的な生産によって生産コストの低下をはからねばならない。この生産計画は，もともと一定の期間を対象として，実際の生産開始に対し，ある程度の時間的先行性をもって策定される。対象とする期間を計画先行期間，計画生産数量を計画ロットと呼ぶと，効率的な生産のためには，大きな計画ロットと長い計画先行期間が望まれる。特に多様な製品種類の生産は，計画ロットが大きいほど，また計画先行期間が長いほど容易だからである。計画ロットが大きいと生産ロットを大きくでき，量産効果を得やすい。1カ月分を対象に生産計画を策定したほうが，1週間分や1日分を対象とするよりは生産ロットを大きくしやすい。また，計画先行期間が長いほど，計画時間と生産のリードタイムを十分に配慮し，中間生産物としての滞留も許容しながら，錯綜したものの流れを整理することができる。

　しかし，生産が販売に迅速に対応するためには，計画ロットを大きくすることも，計画先行期間を長くすることもそれほど許容されるわけではない。なぜなら販売動向は，生産サイドの要求とは無関係に変化するからである。販売動向に対応するためには，いったん策定した生産計画は修正されなければならない。生産が，販売動向を迅速に組み込むためには，販売動向の変化に応じて，生産計画が頻繁に，つまり短い周期で修正，変更されなければならない。生産計画は，生産の効率性を確保するために大きな計画ロットと長い計画先行期間を前提に策定されるが，そのままでは実行されにくい。

　販売動向に応じた生産とは，いったん策定された生産計画が修正，変更され

ることであり，その状況に応じて計画ロットが縮小されたり，計画先行期間が短縮されたりすることである。生産の効率性を確保するためには，できるだけ大きい計画ロットと長い計画先行期間が望ましいが，販売動向に迅速に対応するためには，計画ロットは縮小され，計画先行期間は短縮される必要がある。

多品種・多仕様・大量生産・販売システムは，「生産計画を販売動向に応じていかに修正していくか，その際，生産の効率性をどう維持していくかという問題に直面する。そのことは，計画ロットと計画先行期間をどのように設定できるかという問題なのである[8]」。比較的長期間にわたって販売動向を確実に把握できればこのような問題は生じてこない。販売予測の精度が高いのであれば，生産計画の修正，変更はそれほど必要ではないからである。比較的長期間の精度の高い販売予測が可能であれば，計画ロットも計画先行期間も大きく設定でき，生産の効率性を確保しやすい。極論すれば，常に正確な販売予測が可能ならば，計画ロットと計画先行期間は，生産サイドの要請を完全に充足できるほど拡大できる。また，計画時間と生産のリードタイムをゼロにできれば，計画ロットと計画先行期間はゼロにできる。

このようにして，企業は，販売予測の精度の向上，計画時間と生産のリードタイムの短縮に多様な試みをするのである。しかし，販売予測の難しさ，計画時間と生産のリードタイムの長期化は，多品種・多仕様・大量生産・販売システムそのものに起因するものであり，それらの試みはある限界をもたざるを得ない。計画ロットと計画先行期間のサイズは，販売動向への対応と生産の効率性との間で，それぞれの企業が立脚する市場条件と技術条件によって揺れ動くことになる。こうして，それぞれの企業で生産計画が実際の生産よりどのくらい先立って策定されるのか，そしてそれはどれくらいの頻度で修正，変更されるのか。頻繁な生産計画の修正，変更を受容できればできるほど，販売動向への対応は容易になり，その結果，在庫を削減でき，納期も短縮できる。それがフレキシブル生産・販売システムのねらいなのである。

フレキシブル生産・販売システムが効果的に実行に移されるためには，さまざまな技術革新が必要であった。中でもコンピュータに支援された単品管理シ

ステムと短い生産リードタイムで商品を末端小売店舗に多頻度小口配送するロジスティク・システムの開発が決定的に重要である[9]。POS（販売時点情報管理）システムはこの単品管理と結びつくことによって，「売れ筋商品」と「死に筋商品」の識別を容易にした。それによって，新規品目に直ちに切り替えていくクイック・レスポンスも可能にした。また，多頻度小口配送は，商品生産のリードタイムを短縮することによって，ジャスト・イン・タイムの納入要請や品目当たりの在庫量の削減をも可能にした。

3．情報化の進展と生産・販売のシステム化

（1）情報化と生産・販売システムの変化

1970年代に2度にわたる石油危機を経験し，80年代には，日本の自動車，電機などの主要な産業は，強い国際競争力を獲得した。それはすさまじいまでの減量経営で合理化を推し進めると同時に，いわゆるME機器などを積極的に導入したことが背景にあった。それは，市場の需要変動，製品種類の多様化，製品寿命の短縮化に対応するため，それまでの単能機を主体にした少品種大量生産体制の硬直性を克服するものとして，多能機であるME機器を技術基盤にした柔軟な生産システムである多品種大量生産体制を構築していったのである。このME機器の導入を契機として，石油危機後の基盤技術の再編が本格化し，産業の生産・販売過程や流通過程，さらには家庭の生活過程における構造変化をともなうことになったのである。こうして，日本の生産・販売システムは80年代に本格的な情報化の時代を迎えるが，そのプロセスには次のような特質がある[10]。

第1に，70年代は，事務部門を中心にOA化が進展し，80年代は，製造工程を中心にFA化が進展した。しかも，70年代は単体として，80年代は技術の複合としてのシステム化，とりわけ80年代半ばからは統合化された情報ネットワークとして垂直的・水平的拡がりをもつ情報化が進展した。

第2に，ME技術は，他の諸技術と結合してこれを制御するための媒介技術として，技術の高度化，製品の多品種化，高機能化，高付加価値化を促進した。その結果，多品種・多仕様・大量生産・販売システムが構築されるようになったのである。

第3に，ME技術は，電子部品や産業用電子機器のみでなく，自動車やビデオカメラ，テープレコーダー，洗濯機，冷蔵庫などの家庭用ME複合製品として80年代に急速に展開され，家庭にも情報化が進展した。

第4に，ME技術は，航空・宇宙，原子力，バイオテクノロジー，新素材開発，あるいはリサイクル技術にいたる多くの在来技術・新技術と複合して，これらの技術を新たな段階の技術に飛躍させ，わが国企業の生産・販売システムの基盤技術を「重厚長大」型から「軽薄短小」型に再編させたのである。

柔軟な生産システムを構成するME機器の1つが，NC（数値制御）工作機械である。これまでの工作機械では，実際の加工の際，人間が機械に対して送り，切り込み，位置決めなどの制御を行なっていたが，NC工作機械では，それらを数値情報によって制御するのである。つまり，工作機械の動作手順をコンピュータ・メモリで与え，これを制御装置が解読して工作物や工具の位置決めなどの指令を機械の駆動部に発令して，制御する。このように，数値情報によって運動を制御することから，NC工作機械の機能的特徴は，複雑な形状の加工を自動的に行なうことができる点にある。また，制御情報であるプログラムを変更すれば，生産性を犠牲にすることなく多様な加工が行なえるのである。さらに，複数の工具を装備した，自動工具交換装置付きのNC工作機械は，この汎用性，柔軟性をいっそう高めるものであった。このことから，NC工作機械は，市場の変動や製品種類の多様化などに対応する生産・販売システムにおいて重要な構成要素の1つとなったのである[11]。

NC工作機械を導入して，柔軟な生産・販売システムを構築している代表的な産業が自動車である。自動車産業では，50年代から本格的に採用されたトランスファー・マシンに見られるように，柔軟な加工ラインで量産体制を確立すべく，積極的に取り組まれてきた。このトランスファー・マシンは，エンジン

の製作のために機械加工工程に導入され，自動化された専用工作機械群と自動搬送装置が有機的に結合された一連の機械装置である。これによって，機械加工の連続化，自動化が実現し，高い生産性を誇ったが，単能機，専用機によって構成される生産ラインであるため，その硬直性は避けられないものであった。そのために，製品設計が変更されるたびに新たな工具や機械と交換しなければならず，企業にとってはコスト面で，非常な負担であった。自動車企業は，国内と国際市場での激烈な競争の中，需要変動，製品種類の多様化，製品寿命の短縮化に対応できる生産ラインをより求めるようになっていった。80年代に入って，自動車企業は，この課題を解決するため，より柔軟なトランスファー・ラインを導入しはじめた。これは，NC工作機械を中心にラインを編成したもので，機械加工の連続化，自動化を維持しつつ，市場の変化に柔軟に対応でき，上記の課題にこたえる生産ラインであった。その後，情報技術のさらなる発展を背景として，大量生産方式を確立したフォード・システムの限界を克服したものと評価[12]されている多品種・多仕様・大量生産・販売システムが構築された。これは，需給状況と生産計画とを調整する管理システムとして機能しているところに大きな特徴がある。

(2) 実需対応型生産・販売システムの構築

わが国繊維産業では，かなり前から，仮需という言葉と対比させながら，実需という言葉がよく使われてきた。そこでの実需の意味は，見かけの需要である仮需に対して，実際の需要ということである。つまり，売り手側の思惑にもとづく需要ではなく，買い手側の現実のニーズにもとづく需要である。さらに，企業の投機的な需要ではなく，最終消費者の日常生活上からの需要である。このような実需に対応した生産・販売システムは，最終消費者が求める商品を，求める量だけ，求める納期までに，求める価格で提供する仕組みである。したがって，この仕組みは，実需に対応した生産と実需に対応した販売が接続され，相互に情報を伝達する構造の形成が不可欠である。すなわち，売場と直結した生産というコンセプトが究極の姿としてイメージされる。実需に対応した生産

は，製造工程ごとの作業効率を追求するのではなく，生産ラインを製造工程の垂直的連続としてとらえ，全製造工程のムダのない流れを問題にする。そのために，標準化が必要とされる。しかし標準化は，それ自体目的ではなく，目的はムダをなくして最適生産をなし，人を活かして，付加価値を上げることである[13]。ここでは，生産ライン全体をいかに求められる速さで走らせるかが重要である。

かつての大量生産・販売システムの時代では，生産ラインは製造工程を水平的に分断し，各単位作業における最大効率を追求するものであった。そこで問題となったのは，個々の製造工程ごとの作業効率，つまり一定の時間内にいかに多く作るかであった。そこでは，部分的な製造工程の速さが重要であったのである。また，実需に対応した生産では，工場の従業員のあり方も大きく変わってくる。今までの分業体制で，単純作業を繰り返していた単能工の作業者に，2つ以上の作業を受けもたせて多能工化することで，作業に関わる人数を減らし，仕掛品の発生を減らしていこうとするものである。

さらに，作業者間の仕掛品の発生を防ぐためには，自分の作業が終わっても，生産ラインの後工程の人が作業を終えて手が空くまで製品を渡さないようにする「1個流し」生産が求められる。この最大のメリットは，実際の作業の流れの中で，製品が停滞しやすい場所が明確になることと，それによって作業者を振り分け，生産ラインの流れを調整できることにある。生産ラインは，後工程からの引っ張り方式で進行し，これまでのような前工程からの押し出し方式とは異なる。押し出し方式では，前工程が送ってきた仕掛品の山であったが，実需に対応した生産では，仕掛品が消えて，受注が生産をコントロールするようになる。

多能工化をさらに推し進めた，いわば究極の理想型といえるものが，「1人屋台生産方式」である[14]。これは，1つの製品の組み立てからはじまって，検査，包装にいたるまでのすべての工程を1人の作業者で行なう生産システムである。生産ラインの速さが一定では個々人の努力は生産性の向上とは無関係で終わる。しかし，「1人屋台生産方式」では，生産性の向上だけでなく，1

人ひとりの工夫や努力が，直接製品の品質向上につながるだけでなく，製品をまるごと任されることによって，物作りの喜びが実感できるのである．現在，この「1人屋台生産方式」に似た方法として，1人ではなく少人数のチームで1つの製品を組み立てる「セル生産方式」が，ソニーをはじめ多くの会社で採用されている．

一方，実需に対応した販売とは，滞留在庫を生まず，中間流通在庫（仮需）に依存しない販売である．つまり，「作ったものを売る」のではなく，「売れるものを作り，売る」ことである．実需に対応した販売システムを構築するためには，まず備蓄生産から販売時点生産または受注生産への方向転換が必要である．また，流通チャネルを見直して，必然性のある販売経路に再編成しなければならない．実需に対応した販売は，顧客のパーソナルなデータベースの管理とは切り離せない．顧客を個別に識別し，その購買履歴を詳細に記録する手段は，情報の高度なシステム化を通して初めて実現できる．

顧客データベースの有無がこれからの販売力を決定する．特にVAN（付加価値通信網）センターで蓄積される顧客データベースの情報は，実需に対応した販売を直接的に保証するものである．このような顧客管理のシステムが構築できれば，パーソナルなダイレクト・マーケティングも可能になり，販売予測の強力な手段となる．販売へのVANの導入は，中間での転記や再入力を排除したリアルタイム処理の広域販売システムを可能にする．特にアパレル業界では，商品設計の要素情報，たとえば服種やスタイル，色・柄・デザイン，衿やボタン等の仕様を標準化し，画像化してファイル入力する．これらを逐次ディスプレーに呼び出して，消費者に選択させて，結果をコードで指定していけば，数多い組合せの中から，希望の商品1点をデザイン化することができる．すでにある注文服以上のデザインを創作し，発注する手段を消費者に提供することも可能となり，実需への対応をよりいっそう促進することが期待できる．

おわりに

　生産・販売のシステム化は，消費者が求める商品を，求める量だけ，求める納期までに，求める価格で提供する仕組みである。つまり，売れるものだけを作る，必要のないものは作らないようにする方法論である。言葉を換えて表現すれば，生産から販売・消費にいたるまでのトータルなムダを排除して，全体の効率化をはかるための，多品種・多仕様の生産・販売システムであるといえよう。このような実需対応の生産・販売システムは，基本的には生産のリードタイムのきわめて短い多品種・多仕様・短サイクル生産がベースとなり，需要の変化への対応も大幅にその的確性を増すことになる。したがって在庫は，生産から小売りにいたるどの段階においてもきわめて少なくてすむようになるので，在庫管理そのものも容易となる。

　また在庫負担は軽減され，値引きや見切り品の処分損などのリスクも削減され，売れ残り品の返品輸送費や不良在庫の倉庫料など，経費のムダも防ぐことができ，生産から販売・消費までのトータルコストが大幅に軽減される[15]。このようなムダの減少は，品揃え不足や即納対応への不十分さなどによる販売時の機会ロスや小ロットによる配送経費増などを十分に補うことができるものである。特に市場の変化の激しいファッション商品分野などでは，日々の新鮮な販売情報や顧客管理システムから，ブランド別，品番別，サイズ別，色柄別，材質別にどんな商品が今売れているか，がリアルタイムにわかる。POSやVANの進展と連動して，実需対応の生産・販売システムは，ファッションのもつ大きなリスクに機動的な対応を可能としたのである。

（1）生産性とフレキシビリティとのジレンマについては，W. J. Abernathy, *The Productivity Dilemma*, Johns Hopkins University Press, 1978参照。
（2）藤本隆宏「20世紀の日本型生産システム」一橋ビジネスレビュー，WIN., 2000年，p. 67参照。
（3）谷津　進『ベーシック生産入門』（日経文庫）日本経済新聞社，1990年，p. 32参照。

（4）谷津　進，前掲書，p. 51参照。
（5）これに関しては，藤本隆宏『生産システムの進化論』有斐閣，1997年参照。
（6）これに関しては，H. ジョンソン，A. ブルムズ共著，河田　信訳『トヨタはなぜ強いのか』日本経済新聞社，2002年参照。
（7）岡本博公「製販統合と生産システム」，石原武政・石井淳蔵編著『製販統合』日本経済新聞社，1996年，p. 78〜79参照。
（8）岡本博公「日本型生産システムの展開」，宗像正幸・坂本　清・貫　隆夫編著『現代生産システム論』叢書現代経営学— 9，ミネルヴァ書房，2000年，p. 202参照。
（9）石原武政「生産と販売—新たな分業関係の模索」，石原武政・石井淳蔵編著『製販統合』日本経済新聞社，1996年，p. 317参照。
（10）坂本　清編著『日本企業の生産システム』中央経済社，1998年，p. 20〜22参照。
（11）金房広幸「生産システムの歴史的展開」，宗像正幸・坂本　清・貫　隆夫編著『現代生産システム論』叢書現代経営学— 9，ミネルヴァ書房，2000年，p. 51参照。
（12）この評価に関しては，宗像正幸「生産システムの特性把握の視点について」，『国民経済雑誌』（神戸大学）第167巻第 3 号，1993年 3 月参照。
（13）山田日登志・片岡利文共著『常識破りのものづくり』日本放送出版協会，2001年，p. 228参照。
（14）山田日登志『現場の変革・最強の経営 ムダとり』幻冬舎，2002年，p. 25〜28参照。
（15）T. ダベンポート著，卜部正夫他訳『プロセス・イノベーション』日経BP出版センター，1994年，p. 19参照。

第2章　流通システムと生産・販売システムとの統合化

はじめに

　われわれの周囲を眺めてみると，実に多様な商品で満ちあふれている。それらは誰によって，どこで生産されたかは，われわれはほとんど知らない。それでも，われわれは生活に必要な多様な商品を入手することができる。それは流通システムがうまく機能しているからである。流通は，生産と消費の間に介在する過程である。その役割は，生産と消費を円滑に進行させることである。流通システムとは，この流通の仕組みのことである。流通という言葉は，空気の流通が良いという使い方があるように，もともとは空気や水が流れ通ることである。このことからものやサービスが移転することを意味するようになった。

　流通とは何か，についてはさまざまな定義があるが，ここでは一般的に「生産と消費の再統合活動」であると定義しておく。生産された商品は，消費されることによって初めて目的が達成される。しかし，生産と消費の間には，時間，空間，情報などの隔たりがあり，それは経済の発展につれて縮小するどころか拡大する傾向にあった。そこで生産と消費を結ぶつなぎの機能が必要になり，それが流通と呼ばれるものである。今日，インターネットを核とする情報ネットワーク技術の高度化と，それによるコミュニケーションの革新により，時間，空間を超えた情報伝達の即時化が可能になっていることや，ものに付着する情報が，ものから離れた時間や空間にあっても，ものの認識が容易にできることなどによって，流通システムは大きく変化している。ここではこうした流通システムと生産・販売システムとの統合化について検討してみる。

38　第2章　流通システムと生産・販売システムとの統合化

1．流通システムの概念

(1) 流通システムとは何か

　流通システムとは，商品を流通させるための社会的な仕組みであり，これがうまく機能しないと，国民生活はもとより経済全体が混乱に陥ってしまう。社会の発展とともにいろいろな部門で分業が成立し，拡大し，それがまた循環的に社会の発展を促進する。分業の典型的なものは，生産部門の専門化であり，専門生産の拡大は，生産と消費の隔たりを発生させ，両者の時間的，空間的距離は次第に広がっていくことになる。そのために生産と消費の隔たりを埋めるための機能が必要となる。それが流通であって，経済循環は，生産部門，流通部門，消費部門の3つの過程を含むことになる。

　流通機能を担当する流通機構は，社会的分業の一形態として登場するが，経済発展により市場交換が高まり，それによって流通機構の内部でも，分業が促進され，まず卸売機構と小売機構に分化する。さらに分業が促進されて，業種や業態に多様化していくのである。その結果，全体として流通における分業の社会的制度としての流通システムが構築されるのである。このことから流通システムとは，「商品を流通させるために，水平的ならびに垂直的な分業関係によって必要な機能を遂行している流通機構で構成される社会的構造体[1]」であるといえよう。

　流通システムを最も簡単な形で図示すれば，図1のようになる。点線で囲んだ部分が流通システムであり，矢印は商品の流れを示す。この図から流通システムは，卸売機構と小売機構の2つから構築されていることがわかる。ただしこの図はあまりにも簡略化しているので，もう少し実態に近づける必要がある。その際，卸売機構に着目すると，卸売機構からは小売機構に向かって商品が流れるだけではなく，種々の需要分野に向かっても流れている。つまり機械や原材料などの生産財や中間財などが生産者や製造業者へ，また設備財や消耗品な

1. 流通システムの概念

図1　流通システムの簡略図

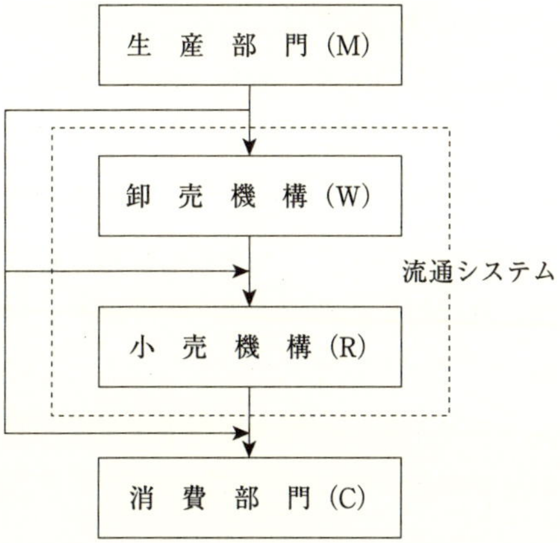

```
       ┌─────────────────┐
       │  生 産 部 門 (M)  │
       └─────────────────┘
                │
       ┌─────────────────┐
       │  卸 売 機 構 (W)  │
       └─────────────────┘     流通システム
                │
       ┌─────────────────┐
       │  小 売 機 構 (R)  │
       └─────────────────┘
                │
       ┌─────────────────┐
       │  消 費 部 門 (C)  │
       └─────────────────┘
```

どの業務用品などが学校，病院，行政機関などへ流れている。また卸売業者から卸売業者への流れや輸出入といった流れもある。流通システムが，卸売機構と小売機構とから成り立っている点では，少なくとも先進工業国はどこも同じである。しかし，それでもなおそれぞれの国の特徴がある。流通システムは，長い歴史の過程で形成されるために，経済的，社会的，文化的条件によって規定されることが，その国固有の特徴を生む理由となっている。日本の流通システムは，欧米とはかなり違った次のような特徴をもっている[2]。

　第1は，百貨店，スーパー，コンビニなどの革新部分がある反面，商店街や市場などの古い部分が根強く温存されていることである。

　第2は，商品流通への卸売業の介在が多く流通機構の迂回性が強いことである。

　第3は，卸売機構の内部が多段階構造を有していること。具体的には一次卸，二次卸，場合によっては三次卸，四次卸と垂直的に重なり合って長い流通経路を形成していることである。

　第4は，小売機構の内部が高密度で，小規模であること。具体的には食品小売店で，日本は店舗密度が米国の約70倍，欧州の3～10倍もあり，また，店舗当たりの売場面積や売上高は欧米よりも低い数字である。

第5は，流通過程に対する行政の介入や，その根拠となる法律が多いことである。独禁法は，多くの先進国に共通しているが，小売商業調整法や中小小売商業振興法などは日本に固有の法律であり，日本の流通システムを考える時には，この行政の関わりを無視することはできなくなっている。

流通システムは，多段階の生産を連結して，再生産の鎖を作るための仕組みであり，社会的な経済循環を成立させる歯車の役割を担っている。流通システムがうまく機能しなければ再生産循環そのものが働かない。たとえば，流通コストの上昇を，流通システムの合理化や効率化によって吸収できなければ，商品の価格は上昇し，その結果需要は減少し縮小再生産に陥ってしまうことになる。均衡のとれた経済発展のためには，流通システムの進化が不可避であるといえる。

(2) 流通システムのパフォーマンス

どの国の経済活動も，流通システムがないと付加価値の実現をはかることはできない。生産部門，流通部門，消費部門の3つの経済活動のバランスがよくとれることによって，資源は有効に配分されるのである。どんな商品も，流通の担い手が誰になるか，その流通経路が長いか短いかの差はあれ，流通システムを通じて消費者へ供給されて，付加価値が実現されていく。ここで問題とすべきことは，消費者ニーズに適合した商品が作られ，供給されているかどうか，これらの商品が一番低い社会的流通コストで供給されているかどうか，そして消費者の自由な選択権が保持されているかどうかなどである。さらに外国企業にとっても十分に納得のいく参入の自由が保証されているかどうかが問題である。こうした問題意識に立って日本の流通パフォーマンスを整理してみると次のことがいえる。

生産と消費の隔たりを埋める重要な機能を担う流通システムの形態には，およそ4つのパターンが考えられる。メーカー主導型，卸売業主導型，小売業主導型，そして消費者主導型である[3]。これらは価格決定権がどこにあるかによって，どこに主導権があるかが決まってくる。日本の場合は，メーカーの生産

力の強力な発展に対して，流通業の近代的発展が立ち遅れたこともあって，メーカー主導型に対抗できるような小売業主導型の流通システムが十分に育ってこなかったことが指摘できる。

その結果，他社製品の取扱いが排除される閉鎖型の流通システムが形成されてきた。そしてメーカーによる末端価格維持政策がさまざまな形で貫徹される上で，リベート制，建値制，返品制などの日本的商慣行が活用されてきたことも，重視すべき特徴である。また，商取引の結果必ず生じる売れ残りリスクが，メーカー，卸売業，小売業のそれぞれに分散化する「もたれ合い」の取引システムが幅広く採用されてきた。典型的な例が，メーカー，卸売業と百貨店との「返品制[(4)]」のような取引関係である。衣料品，雑貨，加工食品などの幅広い流通システムの中に，このような相互依存関係は見られる。

欧米に見る取引関係は，売れ残り商品のリスク負担をそれぞれの取引企業が引き受けるのが一般的である。その代わりに，売れ残り商品の買い取りやその割引販売を専門とするような流通システムが別個に存在する。日本における相互依存型の取引システムの存在が小売段階の豊富な品揃え機能を充実化するといったメリットがあると同時に，他方では小売価格の高位安定化をもたらすといったデメリットを発生させている。売り手と買い手である小売業との依存関係に十分に配慮しないと，外国商品は日本の流通システムに簡単に入り込めないという欠陥を生み出している。依存関係に気を配るということは，売り手が十分な在庫をもち，買い手側が販売状況に合わせて仕入れる委託取引や消化取引，あるいは受注取引などを考慮しないと，日本の小売業の店舗に商品が並ばないといったことが生じる。

メーカー主導型流通システムに対抗する小売業主導型ないしは消費者主導型流通システムの弱さも問題となる。この問題は，メーカーブランドの強さと小売業のプライベートブランドの弱さの問題でもある。チェーンストアのような大量販売力をもつ小売業者でも，小売業独自の商品開発力はまだ発展途上にあり，また小売価格決定権が一部家電量販店を除き，小売業者側に完全に移っているわけではない。

日本の流通システムの全体的傾向として,「多品種・少量・高頻度化」の形態になっていることが指摘できる。多様な消費者ニーズに対応した柔軟な流通システムになっているが,流通コストとりわけメーカーから消費者までのトータルな社会的流通コストという視点から見ると,高コスト型の流通システムにならざるを得ない。この点に関しては,物流コストの上昇が大きな問題として取り上げられてきた。「多品種・少量・高頻度化」の流通システムへの移行を現実的なものにした要因として,取引面での情報ネットワーク化の発展があることは見逃せない。

情報ネットワークの構築が実現されることによって,次のような効果が期待される[5]。第1に,需要動向変化に柔軟かつ的確に対応することにより,見込み型生産・販売から受注型生産・販売へ商品供給が変化すること。第2に,取引にともなう受発注,出荷・納品,代金決済などの情報が円滑にやりとりされることによって,企業の事務処理の効率化と迅速化がはかれるようになること。第3に,的確な受発注情報にもとづく物流管理の効率化と在庫管理の適正化がはかれるようになること。こうしたメリットは,システム的に情報が流れることによって,情報ネットワーク内にあるメーカー,卸売業者,小売業者や物流業者など全般にもたらされ,ムダのない効率的な経営ができるようになる。また,経営の効率化から,物流コストや製造コストの低減が実現できれば,最終的には,商品価格の抑制やサービスの向上がはかられ,消費者にとっても数多くのメリットが生まれてくる。

2. 流通システムの編成原理

(1) 商業者の介在原理

産業の流通システムには,生産部門と消費部門だけでなく,それらをつなぐ流通部門がある。この流通部門の大半は,卸売商や小売商などの商業者によって構成されている。商業者は,商品を仕入れて,それを他の取引相手に再販売

する。その販売先は，他の企業であったり，消費者であったりする。いずれにしても，商業者は，生産者と消費者の間の取引に介在して，商品の再販売購入を行なっている。それは，商業者のみが再販売のための社会的品揃え形成を行なうことができるからである。それによって，商業者は，生産者と消費者に対して，取引費用優位性をもつとともに，その介在によって，仕入先と販売先へ取引費用節約効果をもたらしているのである。このように商業者の再販売購入活動は，この社会的品揃えの形成によって特徴づけられる。社会的品揃えには，仕分け，集積，配分，取揃えの4種の基本活動がある[6]。

仕分けとは，商品の格付けや標準化によって設定される基準にもとづいて，いろいろな商品の集まりをいくつかの等級に分けることである。この仕分けによって，売買に際して価格との関連で品質を売手と買手が判断する基礎が与えられることになる。仕分けされたある等級の同質的な商品を量的に収集する過程は，集積と呼ばれる。集積によって大量に収集されたある等級の同質的な商品を，買手の要求によって小ロットで分散する過程は，配分と呼ばれる。最後に，買手の需要パターンに適応して，異なる種類の商品を組み合わせていく過程が，取揃えである。

商業者は，このような品揃え活動によって，社会的品揃えの形成を目指している。仕入先と販売先への取引費用節約効果の機会は，商業者の介在原理の作用によって作り出されるものである。それは，取引量の経済と多数連結の経済である[7]。

取引量の経済は，商業者が取引活動の専門化によって，取引量を拡大できることから生まれる。それは，生産者と消費者に対する商業者の取引費用優位性の基盤になる。

一方，多数連結の経済は，商業者を経由する仕入先と販売先への取引費用節約効果の基盤である。以下，2つの介在原理について検討してみる。まず，取引量の経済であるが，商業者は，生産者や消費者ではできない取引費用の削減を達成できる機会をもっている。生産者は生産活動と取引活動に従事し，消費者は取引活動と消費活動に従事している。商業者は，生産者や消費者とは異な

り取引活動のみに従事している。商業者活動の特質は，取引活動への専門化である。この専門化が生み出す節約によって，商業者は，生産者や消費者に対して平均取引費用上の優位性を作り出せる機会がある。この機会を実現するための条件は，商業者が，生産者や消費者よりもはるかに大きい取引量を達成して，商業者のみが取引量の最小最適規模に到達することである。

　取引量の最小最適規模とは，平均取引費用が最小になる取引量域のうちで最小の取引量である。生産者と消費者に対する商業者の取引費用上の優位性は，商業者のみが，取引活動への専門化によって，最小最適規模の取引量に到達できることにもとづいている。

　それでは，生産者や消費者に比べて，商業者がはるかに大きい取引量を達成できる機会は，どのようにして生じるのだろうか。それは商業者は，同種商品だけでなく，異種商品をその品揃えとして取り扱えるからである。このことは取引量の経済が，規模の経済と範囲の経済の合成として生じていることを示している。規模の経済とは，同種商品の取引量の増加にともなう平均取引費用の低下であり，範囲の経済とは，複数の商品取引に同じ経営資源を使うことによって生じる平均取引費用の低下である。商業者が，生産者や消費者よりもはるかに大きい取引量を達成し，しかもその取引量で平均取引費用が最小最適規模になるかどうかは，商業者がこのような規模の経済と範囲の経済をどの程度に利用できるかにかかっている。

　次に，多数連結の経済であるが，これは商業者への売買の社会的集中によって生じる取引数の単純化をもたらす。商業者による社会的品揃えの形成は生産者や消費者の商業者への多数の取引の集中を通じて行なわれる。取引数の単純化は，商業者の取引相手の数が増えるにつれて，商業者の周囲市場全体で必要な取引数がいかに減じられるかを説明する原理である。今，生産者数をP，消費者数をCとする。生産者と消費者が直接に取引をする場合に，必要な取引数は，P×Cである。しかし，商業者が1人介在すると，必要な取引数は，P＋Cになる。生産者数か消費者数のいずれかが2を超える時，間接取引の取引数は，直接取引の取引数よりも小さくなる。いずれにしても，商業者が介在

すれば，生産者も消費者も直接取引数と間接取引数の差額だけ，全体の取引費用が安くなることの利得を受ける機会がある。そして，商業者がより多くの売手と買手を多数連結すればするほど，双方にもたらす利得機会は大きくなっていくことは確かである。そして，この利得機会が大きくなると，その実現も容易になる。

(2) 延期―投機の最適水準

　延期の原理を最初に提案したのは，オルダースンである。彼は，市場リスクと不確実性コストが製品差別化に強く関連していると考えた。製品差別化は，製品の形態，所有権，在庫位置の変化から説明され，その差別化の程度は，消費者の「購買点」に近づけば近づくほど大きくなる。したがって，製品差別化が進むと，市場リスクと不確実性コストは高くなる関係にあり，製品差別化の延期が流通システムの効率化を高める，と述べている[8]。

　オルダースンは，延期の費用節約効果として，次の2点をあげている。第1に，製品をできるだけ未分化な状態の半製品や原材料のまま，流通段階のできるだけ下流で在庫させると，物流費用が節約できる。流通段階の下流まで大ロットな同質的な財の結合状態が続き，製品の取扱いや配送などの費用が節約できるというのである。第2に，延期は製品形態や所有権移転，在庫位置の決定が需要をより予測しやすい購買時点に近づくことにより，市場リスクが削減される。製品形態のあらゆる決定は製品の組み立てであれ包装などの流通加工であれ，将来のある時点における差別化に対する販売予測にもとづき行なわれる。製品差別化の延期は最終購買需要の予測を容易にする。

　オルダースンの延期の原理には制約がある点に着目し，その逆の投機の原理を提案し，延期―投機モデルを作り上げたのが，バックリンである[9]。バックリンは，製品の形態，所有権および在庫位置の移動が流通段階のできるだけ上流で行なわれるのを，投機の原理と名づけた。延期と同様に投機の原理も，流通費用の節約効果があると主張した。そして，投機の効果として，生産段階における規模の経済，大ロット流通のもたらす注文処理や輸送費用の節約，在庫

切れ防止の3点を指摘した。

バックリン・モデルの基本概念は、「投機の原理は延期の原理への制約であり、延期の原理は投機の原理への制約である」ということに表現されている。オルダースンは、延期が流通効率化をうながすとしたが、延期は無条件に費用節約的ではない、とバックリンは指摘したのである[10]。延期—投機の原理においては、売手と買手はコスト・トレードオフの関係に立っており、両者の費用の合計が最小となる点が延期—投機の最適水準となる。

その点において流通活動が行なわれると、在庫調整の最適化が達成されたことになる。すなわち、売手の提供する配送サービス水準が高く、買手に対して短い納品リードタイムで商品が供給される場合、買手の在庫水準は減少する。これが延期である。

それとは逆に、売手の提供する配送サービス水準が低く、買手に対して長い納品リードタイムで商品が供給される場合、買手はより多くの在庫を保有しなければならないので、買手の負担する流通費用は上昇する。これが投機である。したがって、買手の費用曲線は、投機から延期に在庫投資行動が移行するのにともない、つまり配送時間の短縮化にともない低下傾向を示す。

売手の費用負担はそれとは反対の動きを示す。納品リードタイムが短くなると、増加傾向を示し、納品リードタイムが長くなると、減少傾向を示す。納品までに十分な時間が許されれば、不意の注文に応じるための安全在庫の削減や注文のとりまとめ、用意周到な配送計画の立案が可能となり、売手の費用負担が軽減するためである。売手の費用曲線は、在庫位置の変動が延期から投機に移行するにともない低下傾向を示す。

このようなバックリン・モデルで十分注意を払う必要があるのはものと情報を一対の関係から見る視点である。短い納品リードタイムは、情報投入の引き延ばしを意味し、長い納品リードタイムは、情報投入の前倒しを意味している。つまり、時間次元の延期—投機の原理は、情報投入のタイミングの問題を扱っていることになる。いずれにしても、競争的な環境では、延期—投機の最適水準において流通システムの構造が決定されるのである[11]。

一般に,納品リードタイムは技術革新の影響を受け,短縮化する傾向にある。在庫形成が購買時点の近くまで延期される技術的条件が整備されていることになる。小売段階での発注業務は,店頭レジでの代金清算時に単品販売情報を収集するPOS（販売時点情報管理）システムとコンピュータと通信技術を結びつけ受発注業務を電子的に処理するEOS（電子発注方式）とにより,迅速性と正確性を獲得した。POSは,売れ筋情報と死に筋情報の区分を明確にし,EOSは,注文の伝達と処理費用を軽減する効果が大きい。また,商品供給サイドでは,POSやEOSの普及を背景として販売予測能力が高まっており,配送センターの集約化とあいまって,在庫切れの時でも,補充のためのリードタイムの短縮化や供給段階での欠品率の低下傾向が見られる。出荷・配送面では,立体自動倉庫,自動仕分け機,検品の自動化,車両運行管理システム,高速輸送手段などの開発により,相当の時間短縮が進んでいる。このような納品リードタイムを短縮化する技術革新の相次ぐ出現によって,延期の制約条件は相対的に緩和される方向に向かっている。

3. 情報化の進展と生産・販売システムとの統合化

（1）情報化と流通システムの変化

流通システムの発展に大きな影響を与えている情報化とは何か,まずその特徴を明らかにしておきたい。情報化とは,インターネットを核とする情報ネットワーク技術の高度化と,それによるコミュニケーションの革新ととらえることができる。これには次の3つの特徴がある[12]。

第1に,ものからの情報の遊離化である。あらゆるものの認識は,そのものに付着する情報の取得を通じてなされる。こうしたものに付着する情報の比較的多くの部分をものから遊離独立させ,ものそのものから離れた時間,空間にあっても,ものの認識を直ちに容易にできるようにするのが情報化の重要な側面の1つである。

第2に，情報伝達の即時化である。人と人とが直接合って会話する場合は，特定の時と場所でしか成り立たないし，文通によるコミュニケーションの速度は時と場所によっては大きな制約が課せられる。ところが，パソコンのe-mailを使えばいつでもどこでも誰とでも直ちにコミュニケーションができる。しかも同時に，同じ情報を多数の人々に送ることができる。

　第3に，情報の保存とその再現の効率化である。情報化によって，さまざまな情報をほとんど無限に保存し，それを簡単に再現することができる。このことは，双方向のコミュニケーションを一段と効率的かつ有効的にする。たとえば，電話は双方向であるが，情報の保存性と再現性に劣るため，何度も連絡をとる必要があるが，e-mailなどはそんな事態を改善する。

　このような特徴をもつ情報化の進展は，流通システムに2つの大きな変革をもたらす。

　第1は，消費者が，インターネットで買い物ができるようになると，物理的制約を超えてグローバルな市場に接することができるようになり，市場の拡大と活性化をうながすことである。

　第2は，顧客の1人ひとりの固有のニーズに適応する個別対応が比較的容易になることである。情報化は，顧客管理，商品管理，物流管理などの合理化に有効なだけではなく，見積書や契約書の作成など内部事務の効率化にも役立つ。また，取引情報の双方向化が実現すると，スピーディな処理が可能となり，ペーパーレス化も進むことになる。

　流通システムの情報化には，いくつかの発展段階を識別することができる[13]。

　第1の段階は，POS（販売時点情報管理）などの発達により，どんな商品がいつ，どこの店の，どんな売場で，どんな価格で，どのくらい売れたかを把握する段階である。ここでは，単品ごとの在庫管理などが的確に把握できるようになり，効果的な品揃えとその効率化を達成することができたのである。

　第2の段階は，POSとEDI（電子データ交換）が結びつくことにより，メーカー，卸売業者，小売業者の機能が効果的に連動し，膨大な取引情報が共有化

されるようになったのである。したがって，商品生産から受発注，出荷，運送・配送や在庫管理まで，流通システムを形成するさまざまな企業が協力関係を築き，サプライチェーン・マネジメント（SCM）展開の基礎を作り出したのである。

　第3の段階は，本格的な情報化というべきものであって，インターネットを活用した流通システムの展開が可能になった。ここでは，取引する個々の顧客の特性とその購買履歴が容易に把握でき，その意味で，顧客管理のいっそうの徹底化をはかることができる。

　インターネットは，流通システムを大きく変えようとしている。その特徴は，いつ，何を買ったかなどの購買履歴が把握できると同時に，そうした顧客との双方向のコミュニケーションを可能にする。さらに，インターネットで消費者のニーズを直接にとらえることができ，生産や品揃えの個別対応が可能になるのみならず，直販も可能になる。すなわち，インターネット空間が取引の場を形成するが，これは従来の無店舗販売とは異なっている。たとえば，通信販売では，カタログ製作費用やカタログ送付費用などがかかり，取引量が多くなるにつれ，特に後者は大きく膨れ上がる。しかし，インターネットによる無店舗販売は，このような費用はかからず，コストを大きく削減することができ，少なくとも取引費用は極小化される。ただし，これに代わって宅配費用が増えていく。したがって，インターネットでは，物流コストをどのように効率化するかが，大きな課題になっている。

　インターネットの普及により，メーカーと消費者との直結が進むと，小売業者，卸売業者が急速に減るという考え方があるが，実際にはそうならない。まず，小売業に関していえば，商品によっては仮想店舗よりも物理的店舗のほうが有利になることがある。たとえば，人的サービスが必要となる販売や鮮度が必要となる販売などである。つぎに，卸売業では，消費者は単品を買うのではなく，品揃えを買うので，中間流通についても社会的品揃えが必要とされる。そうした品揃え能力のある卸売業者は，インターネットでも必要となる。

(2) 生産・販売システムとの統合化

　流通システムの編成原理で検討したように、流通システムは、商業者の介在による社会的品揃え形成の過程であると位置づけられる。多種多様な商品は、最終消費者が求める品揃えに同時一挙には転換できない。そこで商業者が介在し、連続的な品揃え形成過程を経て消費者が求める品揃えへと、ゆっくりと調整されていくのである。その意味では、流通システムの最下流に位置する小売段階での品揃えは、消費者の求める品揃えと最も同質的な商品の集合を表わしている。品揃え形成の位置は、購買地点に近づけば近づくほど、その完成度を高める。品揃え形成の決定が、流通システムの下流に引き延ばされる場合、これを品揃え位置の延期と呼ぶ。それとは反対に、品揃え形成が、流通システムのより上流で確定されることを品揃え位置の投機と呼ぶ[14]。通常の品揃え形成は、延期的に形成される。

　商品の集合は、何らかの基準において同質的な商品の集合状態を生み出すものでなければならない。また、流通システムの各段階で最も経済的な商品の集合状態をとる傾向を見せるため、各段階で編成し直される。

　生産段階では、生産地や出荷先の同一性、卸売段階では、商品の特性や顧客の類似性、小売段階では、消費者の望む品揃えが商品を集合する基準となる。それゆえ商品の集合は、生産者から消費者にいたる流通システムの過程で、ある段階から別の段階に移動するたびに変化していく。つまり、流通システムでの商品の円滑な流れは、品揃え形成と移転、保管、輸送などの変換行為が介在して初めて可能となる。生産段階では、工場で生産された商品は目的地別に仕分けされ、出荷のための輸送用品揃え形成がなされ、配送車両で移転という変換が行なわれる。

　つぎに、卸売段階では、倉庫内で在庫用品揃えが行なわれ、保管という変換がなされる。在庫用品揃え商品は小売段階からの注文に応じて輸送用品揃え形成によって新たな商品の集合に移り、小売店頭での在庫、陳列されて品揃え商品として消費者に提供される。このように見ると、品揃えの形成過程は小売業

3. 情報化の進展と生産・販売システムとの統合化

者の店頭の末端品揃え形成と，それより上流段階における在庫用，輸送用品揃え形成の大きく2つに分けられる。中間品揃え形成と末端品揃え形成の間には，移転，保管，輸送に関わる変換行為が介在し，中間品揃え商品が次第に末端品揃え商品に転化されていく。もし消費者の求める末端品揃え商品に対応する品揃え商品が流通システムの早い段階で形成される品揃え位置の投機が起こり，それによって流通費用の最適化が達成されるのであれば，効率的な品揃え形成が同時一挙に達成されることになる。

このように品揃え位置の投機化は，流通システムの構造に変化を呼び起こす。何より中間品揃え形成における商品の集合は小売業者の店頭で実現される末端品揃えを基準として行なわれ，それに近づけば近づくほど投機の効果は大きくなる。したがって，従来の延期的な品揃え形成過程とは異なる仕組みを生み出すために，生産者，卸売業者，小売業者によって垂直的流通システムの構築が求められることになる。

垂直的流通システムの特徴は次の3点である[15]。第1は，垂直的流通システムには，チャネルリーダーと呼ばれるリーダーがいる。チャネルリーダーは，流通システムを構成する生産者，卸売業者，小売業者の活動方針を企画，管理，統制している。第2は，垂直的流通システムでは，チャネルリーダーのマーケティングを原動力として商品が流通していく。市場価格を原動力として商品が流通していく伝統的流通システムとは対照的である。第3は，垂直的流通システムの構成員は，チャネルリーダーによって選別されており，その関係は緊密である。この点でも歴史的に自然発生的に形成された伝統的流通システムとは対照的である。

垂直的流通システムの内部では，品揃え位置の投機化が行なわれやすく，具体的には配送センターで行なわれている。配送センターとそれに帰属する配送車両が末端品揃え形成の一部を引き受けるということであり，その際，物流システムの再編成が組織間や組織内，部門間の統合上重要視される。また，品揃え位置の投機化の程度は，品揃え形成に関する情報の処理能力に依存している。

近年の電子的情報処理の技術革新は，商品取引に関する売手と買手の情報の

共有化をうながし，中間流通段階で小売業者の求める品揃え形成情報が蓄積，体系化される基盤を作り上げる。その結果，流通システムの構成員は，電子的取引を通して取引の常軌化と継続化が動機づけられる中で，末端品揃え形成に関する情報処理能力を共同で高めようとする誘因が働くことになる。有力小売業者による取引先集約化がその流通システムの情報処理能力を高め，品揃え位置の投機化を容易にするということが，そうした展開方向を示唆している。

品揃え位置の投機は，流通各段階における競争を，より垂直的流通システム間の競争に変える契機の1つであると評価される。そして，特定小売業者の求める流通サービスを提供するために，卸売業者，さらに生産者まで緊密な統合が浸透する結果，品揃え位置の投機は新たな生産・販売システムとの統合化へと向かうことになる。

お わ り に

元来生産と消費は一体であったが，資本主義の成立と発展によって生産と消費の乖離を不可避とした。生産と消費が別々の場で行なわれることは生産と消費がまったく別の論理に従うことを意味していた。生産が消費から分離され生産の効率化が自己目的化されると，その延長線上に社会的制度としての流通システムが生み出された。大規模メーカーは，原材料調達や販売などに複数の現業部門をもち，流通段階を統合したり，あるいは大量生産に対応して出現した大量販売業者を積極的に利用したりした。

このように生産と消費の乖離拡大は，物流システムの介在を必要とした。それは組織間のみならず単一組織内の部門間の分離と結合，つまり，生産と販売，仕入と販売という部門の分化をもたらした。分離構造を調整する鍵は在庫が握っている。大きな不確実性をはらむ生産と消費は，在庫の回路が市場リスクを引き受けることで初めて結合していることになる。

情報化とりわけ電子情報処理システムの発達により，流通システムにおける投入情報の精度と情報投入の頻度を決定的に変えることになった。このことに

よって在庫調整機能は大きく変化することとなった。生産と消費の空間的乖離は変わらないが，時間的乖離は情報技術の発達によって著しく埋められるようになった。生産・販売の論理と流通・消費の論理の二律背反性は部分的にではあるが解消されようとしている。

(1) 田島義博『流通機構の話（新版）』日経文庫，日本経済新聞社，1990年，p. 22参照。
(2) 田島義博，同上書，p. 27～29参照。
(3) 小山周三「わが国流通システムの構造・行動を評価する」TBR Confidential Report, 1993. 9, Vol. 3, No. 9, p. 3～6参照。
(4) 三輪芳朗『日本の取引慣行』有斐閣，1991年，p. 2～95参照。
(5) 地引　淳「大幅なシステム刷新を迫られる繊維産業」TBR Confidential Report, 1993. 9, Vol. 3, No. 9, p. 14参照。
(6) W. Alderson, *Marketing Behavior and Executive Action*, Irwin, 1957.（石原武政他訳『マーケティング行動と経営者行為』千倉書房，1984年）参照。
(7) 田村正紀『流通原理』千倉書房，2001年，p. 69～70参照。
(8) W. Alderson, 同上書，p. 199参照。訳書，p. 228参照。
(9) L. P. Bucklin, "Postponement, Speculation and Structure of Distribution Channels", *Journal of Marketing Research*, Vol. 3, No. 1, 1965参照。
(10) 矢作敏行他2名共著『生産統合マーケティングシステム』白桃書房，1993年，p. 70参照。
(11) 矢作敏行他2名共著，同上書，p. 72参照。
(12) 上原征彦『流通のことがわかる本』かんき出版，2004年，p. 170参照。
(13) 伊藤元重『流通は進化する』中公新書，中央公論新社，2001年，p. 170～192参照。
(14) 矢作敏行他2名共著，前掲書，p. 92参照。
(15) 江尻　弘『流通論（改訂版）』中央経済社，1992年，p. 197～207参照。

第3章　リストラクチャリングとリエンジニアリング

はじめに

　リストラクチャリングは，企業の不採算部門を切り捨て，将来有望な部門への進出をはかって，事業の再構築をすることが，本来の意味である。1980年代後半に米国で盛んに行なわれた。そして思い切った経費節減策を実施した結果，数字の上では改善が実現し，コストは低下し，収益も向上しはじめたかに見えた。しかし，その企業の進む先は依然として展望が開けない。従業員の不安や労働の負荷が増大し，生産性は停滞した。その上，管理体制は再編されたが，非効率はそのままでいっこうに改善されていない。米国ではリストラクチャリングにおける治療は，効き目のない薬以外の何物でもないといわれた。

　単なるコストダウンや組織の改善程度では，短期的にはともかく，長期的にはかえってマイナス効果の大きいことを，米国の企業経営者は思い知らされたのである。

　そのようなリストラクチャリングの後遺症として，結局は個々の仕事の仕方そのものを改革しない限り，リストラクチャリングの成果は，発揮できないという認識にいたったのである。それがリエンジニアリングという思想へと発展していった。リエンジニアリングは，正式には，ビジネス・プロセス・リエンジニアリング（BPR）で，ビジネス・プロセスは，仕事の仕組み・流れであり，リエンジニアリングは，組み立て直すことである。つまり，仕事のやり方を抜本的に見直して，ゼロの状態から再設計し，経営の効率を高めるのが，リエンジニアリングが目指す方向である。ここではこうしたリストラクチャリングとリエンジニアリングについて検討してみる。

1. 後ろ向き志向のリストラクチャリング

(1) 事業の再構築

　リストラクチャリングというと、事業の縮小や人員の削減など、構造的不況に対応するための代名詞のようになっている。確かにわが国で行なわれてきたリストラクチャリングはそうであるし、一般の受け止め方もそうである。しかし、企業はこれまでにも産業の発展、企業規模の拡大に沿って、常にリストラクチャリングを行なってきた。決して不況期だけのものではない。リストラクチャリングには、好況期の段階のものと、不況期の段階のものとがある[1]。一般には、不況期のものがどうしても強く印象づけられ、事業の統廃合がリストラクチャリングの本質のように理解されてしまっている。リストラクチャリングとは本来、時代の変化や企業の環境に適応するために、事業形態や事業運営の方法に組織的、構造的な修正を加えて、事業を再構築することである。

　米国でリストラクチャリングが話題になり、企業経営者がこの問題に真剣に取り組みはじめたのは、80年代後半からである。わが国と違って、従業員の人員整理は比較的行ないやすい環境にあるため、人員削減策による合理化というよりは、もっぱら事業部門や子会社の売却、あるいは買収など、いわゆるM&Aによる事業の統廃合が経営立て直しの中心的政策となった。不採算部門の切り捨てだけでなく、むしろM&Aによって高収益企業を買収し、これによって企業業績の回復をはかるということのほうが、株主に対して常に前向きの姿勢が求められている米国の経営者には向いているのである。その極端な方法が、LBO（買収先企業の資産を担保とする借入による買収）による企業買収である。

　米国での活発なM&Aの影響で、当時わが国でもM&Aに関心が高まった。ただ、わが国のその当時の状況はバブル景気のはじまった頃であり、米国が事業の再構築のためのM&Aであったのに対し、わが国の場合は、資金の過剰

流動性を背景とした事業拡大策としてのM&Aであり,積極的な売り物の多かった米国企業を日本企業が買収したり,資本参加するというケースが目立ったのである。しかし,M&Aに慣れている米国でも,今回の事業買収による事業の再構築は,概してあまり効果を発揮しなかった。従業員の精神的動揺や急激な組織的変更などが,モラールの低下と混乱を招いたためである。特にLBOによる強引な企業買収は,結果的に企業の債務拡大を招き,財務体質の悪化を引き起こすことになったのである。

　一方,わが国では,91年4月のバブル崩壊とともに企業は一斉にリストラクチャリングへと走ることになった。毎日のようにリストラという言葉が新聞紙上に載り,史上空前のリストラブームとなった。この場合のリストラクチャリングは,事業縮小,工場閉鎖,吸収合併,有利事業への集中などがその内容となっており,いわば後ろ向き志向の事業再編成である。不況を乗り切るためのリストラクチャリングは,つまるところ人員削減へとつながっていく。中には大幅な人員削減が目的で,事業再編成が行なわれる場合も多かったのである。

(2) 事業の統廃合と人員の削減

　リストラクチャリングは本来後ろ向きの対策ではなく,発展を目指しての事業の再構築であり,企業の多角化こそが,発展期のリストラクチャリングであった。将来の成長分野に事業の布石をし,関連事業を拡大することで企業の発展を期すということは,70年代からの一貫したわが国企業の基本政策である[2]。もし,それらの多角化事業が実を結んでいれば,現在のような関連事業の統廃合による人員削減の問題も起きていなかったはずである。中には成功した新規事業がないわけではないが,全体的に見れば,その多くは親会社からの資金援助を受けている場合がほとんどである。そして今,親会社の経営悪化から,見込みのない新規事業や関連事業を統廃合することで,これ以上の資金の流出を止めるという方策が打ち出された。このようなリストラクチャリングは,不成功に終わった事業多角化の後始末を意味するものでもある。それではなぜ関連事業や多角化のための新規事業が,概して不成功に終わったのか。その原因は

どこにあるのだろうか。

　第1は，計画案自体に問題がある場合である。この中には，計画立案者が，現実のビジネスを知らないで企画した場合や，同業他社が進出したということで，横並び行動で計画した場合や，経営トップが言い出した案件で，批判ができないまま実行された場合や，成功に必要な要因を見落として，事業の可能性を評価した場合や，時代の変化や企業環境の変化が読みきれなかった場合，などが含まれる。

　第2は，計画を実行していく上で問題がある場合である。この中には，関連事業や新規事業のトップが，その事業分野について素人である場合や，官僚主義的な大企業の体質をそのまま持ち込んだ場合や，営業力が弱い場合や，親会社からの独立意識に欠ける場合，などが含まれる。

　第3は，事業を管理していく上で問題がある場合である。この中には，官僚主義的な管理が行なわれる場合や，人事権などの権限が委譲されない場合や，経費や資金について親会社が厳しい管理をする場合，などが含まれる。

　このように関連事業や多角化事業の多くが成功しなかったということは，余剰人員の受け皿として安易に新規事業や子会社を作り，素人集団を出向社員として送り込んだところに原因があるように思われる。そして今，その後始末のために，再び出向社員の処遇を考えなければならなくなっている。リストラという名を借りての人員削減はわが国では，欧米のような工場閉鎖などによるドラスチックな大量解雇が目的ではなく，退職勧告がしやすい環境を作るためのいわば心理的効果をねらったものといえる。現在わが国で見られるリストラクチャリングは，余剰人員を顕在化させることに役立っているに過ぎず，それが事業の縮小や撤退など後ろ向きの対策をとる場合には，同時に次の再建策としての前向きの対策が準備され，同時並行的に実施されることが望ましい。

　リストラクチャリングによるマイナス効果を突き詰めていく時，もっと将来を見据えた新しい全体的な再構築の必要性に気づくのである。それがリエンジニアリングという思想であると考えられる。

2. 前向き志向のリエンジニアリング

(1) ビジネス・プロセスの再設計

　『リエンジニアリング革命』の著者であるハマーとチャンピーによれば、リエンジニアングとは、「コスト、品質、サービス、スピードのような、重大で現代的なパフォーマンス基準を劇的に改善するために、ビジネス・プロセスを根本的に考え直し、抜本的にそれをデザインし直すこと」と定義されている[3]。そして、導入・推進上のキーワードとして、「ファンダメンタル」「ラジカル」「ドラマチック」「プロセス」の4つをあげている。

　リエンジニアリングを最も特徴づけるものは、「プロセス」の概念である。従来の組織や手続き・ルールをまったく無視して、仕事のやり方（仕組み・流れ）を抜本的に見直し、事業活動をビジネス・プロセスを中心に再設計することである。ビジネス・プロセスは、1つ以上のことをインプットして、顧客に対して価値あるアウトプットを生み出す行動の集合ととらえられている。たとえば、受注・納品というプロセスでは、顧客からの注文がインプットであり、注文を受けた製品を顧客に届けるというアウトプットが、プロセスの生み出す価値である。そこでは生産という機能は、そのサブシステムとして位置づけられている。つまり、最終目的を顧客満足に置き、その顧客満足に結びつく一連の流れを再設計したものが、ビジネス・プロセスなのである。

　顧客満足に結びつく業務が、既存組織の多部門を横断するものであっても、既存組織にこだわらず、あくまで業務と情報の流れを中心にとらえるのが、リエンジニアリングである。

　また、米国のコンサルティング会社であるA.T.カーニー社は、リエンジニアリングの特徴として、次の3つをあげている[4]。

　第1は、顧客満足度の向上からスタートすること。すなわち、顧客ニーズからすべての業務の中身を決めていこうということである。たとえば、製品の納

入，販売活動，アフターサービスの実施などすべてに，顧客ニーズを満たすためにはどうあるべきかを徹底的に考えることによって，コスト・ダウンをはかっていこうとするものである。

　第2は，機能別にではなく，ビジネス・プロセスごとに組織横断的な効率化と高性能化をはかること，たとえば，コスト・ダウンをはかるのも，これまで行なわれてきたその部分での合理化をはかる部分最適化ではなく，一部の機能や部門の生産性が落ちるなどのマイナス効果が出ても，企業全体でプラスであればよいという全体最適化をはかることによって実現し，仕事の仕方を変えていくことで，新しい価値を生み出していくことである。

　第3は，サイクルタイム（ある業務を開始してから終了するまでの時間）の短縮によって，大幅なコスト・ダウンをはかること。その結果，受注から納品までのリードタイムの短縮化が実現され，時間で他社との差別化がはかられ，さらに変化に対応しやすい，変化対応型企業の実現を目指そうとするものである。

　そして，リエンジニアリングの目的は，顧客満足度の向上による売上の増大と，全体最適化による大幅なコスト削減にあり，そのために，既存の仕事のやり方（仕組み・流れ）をゼロ・ベースで見直し，ビジネス・プロセス自体を抜本的に見直して価値あるものを作り出すことにある。したがってリストラクチャリングと比較すると，表1のようになる。

　リストラは既存の仕事のやり方や組織をベースとし，人員の削減や不採算部門から撤退するなどの活動が中心で，部分的で，対症療法的なものであり，したがってその結果は，漸進的である。これに対してリエンジニアリングは，仕事のやり方をゼロから見直し，最も効果的で望ましい仕事のやり方に変革することを目指すもので，抜本的なものであり，その効果も革命的なものである。

（2）組織の再構築と情報技術の活用

　リエンジニアリングは，業務の改善だけでは問題解決ができず，ビジネス・プロセスに着眼して考え出されたものであるが，発想の原点は，細分化された分業の見直しにある[5]。

2. 前向き志向のリエンジニアリング

表1 リストラクチャリングとリエンジニアリングの比較

項目＼手法	リストラクチャリング	リエンジニアリング
範　　囲	部分最適化	全体最適化
方　向　性	現在のビジネス・プロセスを前提した改革	ゼロ・ベースによるビジネス・プロセスの改革
対　　象	人員の削減 不採算部門からの撤退	仕事のやり方 (仕組み，流れ)
手　　法	対症療法的	抜本的
導入の効果	漸進的	革命的

(出所) 平島廉久『やさしくわかるリエンジニアリング』日本実業出版社，1994年，p.17参照。

　分業により組織と仕事が細分化されたことによって，各部門間や仕事間の調整に時間とカネが余分にかかるようになり，分業を行なわず1人の人が最初から最後まで行なったほうが，生産性が高いケースも発生するようになった。また，過度の分業が人間性を疎外し，かえって生産性を損なうという面も出てきた。こうした背景には，大量消費社会から消費者ニーズの多様化社会への時代の変化がある。標準化された商品を大量に生産する時代においては，分業による組織体制が効果的であったが，消費者ニーズが多様化し，競争が激しくなってくると，分業による組織体制では，顧客ニーズに迅速に対応できなくなってきた。

　そこでリエンジニアリングの究極の目的である顧客満足が実現できるような組織への再構築が行なわれた。組織再構築のための重要なポイントは，次の3点である。

　第1のポイントは，多段階の機能別組織から，フラットなプロセス中心型組織への転換である。機能別組織では，各部門の障壁があってセクショナリズムに陥る上，意思決定が遅れ，顧客のニーズに迅速に対応することができない。このため，少人数のグループによるフラットな組織に変えることによって，仕事がスムーズに進行し，意思決定も迅速に行なえるようになる。

第2のポイントは、権限のトップへの集中から、現場への権限の委譲を積極的に行なうことである。機能別組織では、権限がトップに集中しているので、意思決定にかなりの時間がかかる。このため、積極的に権限の委譲を行なうことが必要になる。

第3のポイントは、自部門優先の分散化組織から、協調型の統合化組織への転換である。分業化された組織は、自部門の利益のことを優先的に考え、他部門との協調・協力が十分にできない状況にあった。このため、全社的に協調性が促進される組織づくりが求められている。

このような組織の再構築に不可欠なのが、情報技術の活用である[6]。情報技術としては、パソコンやワークステーションの高機能化によるダウンサイジング、マルチメディア技術、通信ネットワーク技術などがその代表例である。これらの情報技術を駆使することによって、リエンジニアリング効果をいっそう高めることができる。リエンジニアリングは、急速に発展している情報技術と一体化してこそ、その効果が最大限に発揮されるのである。ビジネス・プロセスの再設計と情報技術は相互関係があり、情報技術の活用においては、既存のビジネス・プロセスをそのままにして行なうのではなく、ビジネス・プロセスの見直しも同時に行なうことが大切である。この双方の相互関係がうまくいくことによって、より高い成果をあげることができるわけで、これが情報技術活用の重要なポイントである。

情報技術の活用の中で、大切なのが情報システムの構築と情報の共有化である。最新の情報技術を駆使して、ビジネス・プロセスと一体化した情報システムを構築して情報のデータベース化をはかり、情報を共有し、有効活用することによって経営効率を高めることができる[7]。情報システムの構築のプロセスを見ると、最初の段階は、機能別のタテ割りによる情報システムの構築である。購買部門、生産部門、販売部門などそれぞれの部門が情報システムを構築して情報をデータベース化し、各部門ごとに共有し、活用するものである。しかし、このタテ割りの情報システムでは、他の各部門のデータベースには自由にアクセスできないので、情報の共有が部門内だけに限定されてしまう。そこで次の

段階として，構築が進んだのが，横断的ネットワーク・システムである。データベースを統合化し，いずれの部門からもアクセスでき，全社的に情報の共有化もはかることができる。

このように情報技術の活用によって，仕事のやり方（仕組み・流れ）を根本から組み直していくのが，リエンジニアリングである。しかし，何事も一挙に成し遂げることはできないので，これからもたえまない試行錯誤が必要となるであろう。

3．リストラクチャリングを超えて

(1) リエンジニアリングの意義

事業の縮小や人員の削減などといったわが国で一般的によく見られる後ろ向き志向の，いわゆるリストラに対して，リエンジニアリングは仕事のやり方をゼロから見直し，最も望ましい仕事のやり方に変革するきわめて前向き志向の強い考え方である。このようなリエンジニアリングの基本的な考え方は，次の5つに整理することができる。

第1は，顧客満足がリエンジニアリングの原点であること。リエンジニアリングは，ビジネス・プロセスを再設計するものであるが，その際の考え方は，顧客満足を向上させるための一連の活動という視点を忘れてはならないのである。売上高を増大させ，利益をあげることは，顧客満足の実現を通して，結果的に達成されるものである。したがっていつも，どうすれば顧客満足を向上させることができるか，を考えた活動が大切である。

第2は，既存のビジネス・プロセスをご破算にし，新しく再設計することである。従来の経営手法は，既存のビジネス・プロセスの改善や修正，あるいは強化するものが主流であった。したがって，リエンジニアリングを推進するに際しては，この発想法への転換が特に重要である。

第3は，ビジネス・プロセス全体に着眼し，問題解決をはかろうとすること

である。問題を解決する場合に，個別的・部分的に考えるのではなく，全体的・抜本的に考えることが必要である。そのため，ある有効な解決法をまず確定し，それによって解決が可能な問題を発見するという帰納的な発想が求められている。

第4は，過去の成功体験からの決別である。今日のような時代の大きな転換期には，過去の成功体験が，かえって失敗のもとにもなりかねない。したがって，過去の成功体験を容認することなく，むしろ否定的に見るという発想の転換が求められている。

第5は，過去の常識との決別である。時代が変われば，おのずから常識や価値観も変化する。過去の常識は，現在の非常識であり，逆に過去の非常識は，現在の常識になることもあるので，常識に対する考え方を，これからは変えていく必要がある。

企業が，現代の枠組みの方向性とは違った新しい方向へ転換することを，パラダイムの転換[8]というが，リエンジニアリングの基本的な考え方は，現代企業にこのパラダイムの転換を求めている[9]。特にわが国企業には，いたずらにリストラに走ることなく，過去の成功体験や常識を捨て去り，自らのシステムを抜本的に立て直し，再出発する心構えが必要であるように思われる。

(2) リエンジニアリング推進上の問題点

わが国と米国とでは，経営風土やビジネス慣行が異なるので，米国型のリエンジニアリングをそのまま導入・推進しても，いろいろと問題や障害が出てくる。ここではこうしたリエンジニアリング推進上の3つの問題点について検討してみる[10]。

第1は，コンセンサスを重視し，ボトムアップが基本であるわが国の企業風土にあって，特に，トップマネジメントの強力なリーダーシップが必要とされるリエンジニアリングがうまく行なえるかどうかという点である。リーダーシップの弱い企業組織の中では，リエンジニアリングを推進しようとしても抵抗が大きく，一気に改革を推し進めることは困難である。そこで中間管理職にリ

エンジニアリングの必要性を徹底させれば，わが国の企業社会の中では，むしろ変化が加速する可能性は高いものと思われる。

　第2は，ビジネス・プロセスの再設計によって生じた余剰人員をどのようにするかという点である。米国のような雇用調整が難しいわが国では，リエンジニアリングによって余剰人員が出ても，簡単に解雇することはできない。このため，せっかくの効果が相殺されてしまうことになる。その対策としては，配置転換を行なったり，新しいビジネスを展開し，そこへ余剰人員を受け入れるといったことが考えられるが，この問題については慎重に検討しておかなければならない。

　第3は，リエンジニアリングの中核的基盤となる情報技術の活用度が，わが国では，米国と比較して低いという点である。米国企業では，1人に1台のパソコンが与えられているが，わが国ではその1/4にすぎず，それも十分に使いこなせていないのが実情である。情報技術は，リエンジニアリングの支援ツールであり，強力な武器であるので，パソコンの導入とそのネットワーク化をはかっていくとともに，情報技術の積極的活用のためのコンピュータ教育を充実していく必要がある。

　米国のように強力なトップダウンの指令ができる体制にあっても，ビジネス・プロセスのリエンジニアリングの実行には，いろいろな困難や障害があり，失敗した例もかなりの数にのぼっている。具体的にいえば，大手企業の5社に1社が，リエンジニアリングを実施しており，そのうち予期した成果を達成している企業は，30％程度といわれている。リエンジニアリングがうまく実行されないケースでは，小手先だけの改善に満足し，抜本的な改革を志向しない場合や，ビジネス・プロセスの再設計はしたが，リエンジニアリングを阻止しようとする力に妥協してしまって，実行に移せなかったことなどが原因として指摘されている。いったんリエンジニアリングの推進を決意したら，できるだけ短い期間内で改革を完了しなければならない，ということも重要な点である。

おわりに

　これまでわが国企業が行なってきたリストラクチャリングが，仕事のプロセスには手をつけずに，単にそれを異なった組織に再配分することによって，競争優位の回復を目指す試みであった。これに対して，リエンジニアリングは，優れたリーダーシップの下で，情報技術を効果的に活用して仕事のプロセスそのものを根本的に変え，仕事のやり方を抜本的に変えることによって，企業業績の劇的な向上をはかるものである。

　リエンジニアリングによるビジネス・プロセスの問題解決に当たっては，情報技術を駆使することが必然となっている。ただ，情報技術を駆使するといっても，従来のコンピュータ利用の考え方の延長では，OA化やFA化と本質的に変わらず，効果は少ない。したがって，情報技術で解決できる問題は何か，という帰納的な発想が求められている。

　（1）平田　周『リエンジニアリングvsリストラクチャリング』日刊工業新聞社，1994年参照。
　（2）吉原英樹・佐久間昭光・伊丹敬之・加護野忠男共著『日本企業の多角化戦略』日本経済新聞社，1981年参照。
　（3）M.ハマー&J.チャンピー共著，野中郁次郎監訳『リエンジニアリング革命』日本経済新聞社，1993年参照。
　（4）小林　裕『図解リエンジニアリング　考え方，手法，進め方，その効果』中経出版，1994年参照。
　（5）平島廉久『やさしくわかるリエンジニアリング』日本実業出版社，1994年参照。
　（6）日本能率協会編『リエンジニアリングがわかる本』日本能率協会マネジメントセンター，1993年参照。
　（7）生産・販売統合システムの構築の事例としては，花王，キリンビール，ソニーなどのケースが有名である。これに関しては，矢作敏行・小川孔輔・吉田健二共著『生・販統合マーケィング・システム』白桃書房，1993年参照。
　（8）加護野忠男『企業のパラダイム変革』講談社現代新書，1988年参照。
　（9）D.モーリス&J.ブランドン共著，近藤修司監訳『実践リエンジニアリング』日本能率協会マネジメントセンター，1994年参照。

(10) 日経ビジネス編『日本型リエンジニアリング』日本経済新聞社，1994年参照。

第4章 情報リテラシーとマネジメント革新

はじめに

　現在，爆発的な勢いで増殖を続けている情報ネットワークがインターネットである。すでに全世界156カ国，600万台のパソコンがつながっており，3,000万人もの利用者がいるといわれている。インターネットは，60年代末に米国防総省の「ARPANET」として誕生し，その後学術研究用ネットワークとして利用され，90年前後の商用サービスの開始とともに，一気に世界的かつオープンなネットワークとしての地位を占めるようになった。インターネットを利用すれば，手元のパソコンから世界中の情報にアクセスできるのである。今や，情報を「いつでも，どこでも，だれにでも」が実現されつつある。

　一方，デジタル化技術によるメディアの統合も，情報圧縮技術を用いることによって，予想を上回る速度で進んでいる。つまり，情報圧縮技術によってデジタル化することで，文字，図形，音声，静止画，動画などの複数の表現メディアが，1つの伝達メディアに統合されるのである。加えて，パソコンの性能の飛躍的な向上により，ユーザーの望む表現形式のインタフェースが容易に実現されつつある。

　情報が，「いつでも，どこでも，だれにでも」利用できるのが，高度情報化社会の姿である。そこでは，情報取得の速さや情報量の多さによって競争優位を保つことは難しい。情報のもつ意味を読み取れる，良い情報・悪い情報を適切に選別できる，情報を活用して付加価値を生み出す，情報を創造し発信できるといった情報リテラシー（活用能力）の向上がきわめて重要になるのである。今後の企業社会では，市場や現場の生の声を含む質の高い情報と，それを活かす情報リテラシーが競争優位を保つ条件であるといえる。ここではこうした情

報リテラシーとマネジメント革新について検討してみる。

1．情報技術が革新する企業活動

(1) 情報技術の急速な進歩

　情報技術はすさまじい勢いで進歩している。近年のダウンサイジングやオープンネットワークの流れ，さらに最近のインターネットのブームなどに見られるように，情報技術そのものの進歩に加えて，情報技術を効果的に利用する仕組みについても，具体化が進んできている。たとえば，CALS（光速商取引），EDI（電子データ交換），BPR（業務の抜本的革新），CE（同時進行的設計），EI（企業統合），VE（仮想企業体），EC（電子商取引），QR（製販同盟）などが情報技術を活用した新たなコンセプトとして注目されている。さらに，情報技術の効果的に利用する仕組みが進展したことを背景として，ソフトウェアの生産方式も従来のカスタムメイドからコンポーネント・ベースドへと革新され，ソフトウェア生産の納期短縮化や低価格化が進んできた。

　情報技術の進歩が社会を変化させていくためには，コンピュータや通信ネットワークなどのハード面の進歩と，それらを使うための仕組みやインターフェイスなどのソフト面の進歩が必要である。これらの点についてもようやく，企業としても利用しやすい環境が整いはじめている状況にある。

　企業における情報システムの世代交代を見ると，第一世帯の大型汎用コンピュータであるメインフレームによる経営合理化を目的とした情報システムから，第二世代のメインフレームを中心とした差別化をはかるための情報システム，そして第三世代の現業部門が主導する分散情報システムを経て，第四世代の新たなコンセプトにもとづく情報システムへと展開している[1]（表1参照）。この中で，最初の2世代は，情報システム部門が構築・運用するメインフレームであり，その後の2世代は，営業部門や開発部門などの現業部門志向の情報システムである。メインフレームを中心とした情報システムでは，昨今のような市

表1 企業における情報システムの世代交代

	構築時期	情報システムの特徴	情報システムの事例
第一世代	～1980年	メインフレームによる合理化を主目的とした情報システム	・各企業の事務処理システム ・金融機関の第一次・第二次オンラインシステム（業務系）
第二世代	80～90年	メインフレームを中心とした差別化を図るための情報システム	・業界EDI（電子データ交換）システム ・宅配業務管理システム ・コンビニエンスストアの受発注システム ・金融機関の第三次オンラインシステム（情報系）
第三世代	90～95年	現業部門が主導する分散情報システム	・営業支援システム ・金融トレーディング支援システム ・社内情報共有システム ・ホワイトカラーの生産性向上システム （成功事例は現業部門に限られる）
第四世代	95年～	新たなコンセプトに基づく情報システム	（分散するコンピューティングパワーをフルに活用する情報システム）

（出所）野村総合研究所

場や環境の急激な変化に対応するのは困難である。このため，現業部門のパーソナル・コンピュータを活用する情報システムの構築が不可欠となっている。パソコンの現業部門への導入の進展とそのパワーの増大は，現業部門志向の情報システム構築をさらに強力にするのである。

わが国では，バブル経済崩壊後の91年以降に現業部門志向の情報システムの構築が本格化したけれども，その効果は現在のところまだ一部に限られている。この意味で，企業の情報システムは現在，ちょうど第三世代から第四世代への転換期にあるといえる。

今後，目的意識が明確な，新たなコンセプトにもとづく情報システムを導入すれば，大きな効果が得られると予測されている。しかし現在のところ，企業で進行中のパソコン導入の一部には，それを情報システムの中でどのように活用するかの明確な目的意識のないままに，単に1人1台のパソコンの導入を達成するだけと見受けられるものも少なくないのである。これではせっかくの情

報化投資が失敗に終わってしまう可能性がある。企業におけるパソコン導入の効果を最大限に発揮するためには，新しいコンセプトを考慮した情報システムを構築すべきだろう。

　現在，多くの企業が，次のような情報システムの統合に関する要求をもっている。第1に，全社的に導入したパソコンをもっと活用したい。たとえば，OA用パソコンからメインフレームのデータに直接アクセスしたい。第2に，メインフレームの基幹システムとクライアント・サーバーシステムで別々になっている端末を統合したい。第3に，メインフレームからクライアント・サーバーシステムにスムーズにダウンサイズ化したい。これらの要求に対しては，1台の端末からすべてのシステムにアクセスできるデスクトップ・インテグレーションを実現できれば，応えることができる。

　しかし，このデスクトップ・インテグレーションを行なうためには，次のような課題がある。第1に，1台の端末で，すべてのアプリケーションを統合・管理すること。第2に，個々の業務が企業活動に制約を与えないよう，各業務を有機的にリンクさせること。第3に，端末1台1台が全システムにアクセスできるインタフェースになるため，端末における安全性やアクセス管理などを確保すること。こうした課題に対して従来は，個別に対応してきたが，最近は，総合的な解決策を提供する情報システムインフラが登場してきている。そのため，デスクトップ・インテグレーションを実現する企業が増えている。

（2）コア・コンピタンスの革新

　情報技術が，企業のコア・コンピタンス[2]を変革しようとしている。コア・コンピタンスとは，他社と差別化するための中核的な競争能力のことである。分散するコンピューティングパワーをフルに活用する情報システムの構築にともない，企業のコア・コンピタンスは，従来のスケール・メリットやスコープオブエコノミーから，アジリティ，リレーションシップ，オリジナルティへと変化している[3]。

　第1のアジリティは，不確定性のある環境の中で，臨機応変かつ機敏に行動

する能力のことである。アジリティを実現するためには，さまざまな情報源に敏感にアンテナを張り，その中から重要な情報を選択して正確な判断を下すこと，および企業内外の種々の機能との連携を柔軟に行なうことが必要である。企業のアジリティを高めるための情報技術としては，分散した情報の効率的な収集技術（インターネットなど），意思決定支援の技術，グループウェア[4]，CALS[5]，EC[6]などがある。

第2のリレーションシップは，顧客との関係を強化する能力のことである。特に1対1の関係を重視しようという考え方は以前から通信販売などであったが，最近，この領域に急速に情報技術が応用されるようになってきた。この背景として，インターネットが普及し，低コストで顧客とのチャネルをもてるようになったこと，顧客データや取引データのような大容量のデータを処理でるようになったこと，顧客がネットワークにアクセスするためのツールとしてのパソコンが普及していること，などがある。リレーションシップの強化に応用される情報技術としては，電話を利用したテレマーケティングや，大量データから有用な情報を発見するためのデータマイニング[7]およびエリアマーケティングでよく利用されている地図情報システムなどがある。

第3のオリジナリティは，顧客に独自性を訴求できる商品および商品開発・販売などの手法を創出する能力のことである。1人1台にまで普及しつつあるパソコン環境は，ホワイトカラーの業務を効率化し，オリジナリティに関わる活動は時間的な自由度を提供している。企業のオリジナリティを強化する情報技術としては，コンピュータ・グラフィックスによるシミュレーションやマルチメディア・プレゼンテーションなどがある。前者は，製品開発や製品設計の自由度を増大し，オリジナルな発想を支援する環境を開発部門に提供している。また後者は，パソコンの性能が大幅に向上し，かつ小型化したことにより，営業部門ではオリジナリティの高い顧客サービス活動を行なうことを可能にしはじめている。

コンピューティングパワーの拡大により，このような3つのコア・コンピタンスを共通して支える情報システムインフラの能力も大幅に向上している。情

報システムインフラを強化する情報技術は，主として情報システムの柔軟性と大容量データの活用能力を向上させているのである。たとえば，情報システムの柔軟性を向上させる技術の例として，クライアント・サーバーシステムがあるが，これは，顧客の変化への迅速な対応が要求される営業支援システムや，地域や部門ごとのきめ細かい特性を反映させる必要のある部門システムに導入すると大きな効果が得られる。また，大容量データの活用能力を向上させる技術の例として，ATM LAN[8] があるが，これは，非同期転送モード交換機を用いた高速の情報通信網であり，画像や動画などのマルチメディア情報を制約なしで自由にやりとりできるシステムである。

　情報技術は，われわれの予測を超える速度で進歩しており，3年前の常識は通用しないといわれている。そのため，情報システムを構築する企業は，コア・コンピタンスの変化と情報技術の最新の発展状況を正確に把握する必要がある。その上で，経営戦略に即して情報技術活用戦略を立案し，企業活動のどの能力を強化するのか，そのためにどの情報技術を活用するのかを明確にすべきである。

2．速度と創造のマネジメント

(1) 企業に求められる機敏性

　企業は今後，市場の変化，顧客の変化，商品寿命の短縮化といった環境変化に迅速に対応しなければならず，企業活動の機敏性（アジリティ）がきわめて重要となっている。そして，企業活動の機敏性を確保するためには，情報技術の活用が不可欠となっている。

　そこでたとえば小売業界では，調達・物流コストの削減はもちろん，高度情報活用のためのシステム構築などの努力を続けている。その一方で製造業においても，リストラを通じて人員削減や組織の合理化をはかり，また商品開発のスピードアップなどに取り組んでいる。しかし，そうした努力も，相互に何の

関連もなく進めたのでは，効果に限界がある。そうした現状を打開するために提案されているのが，製販一体化をはかろうとするコンシューマー・レスポンス[9]（CR）である。これはアメリカで展開されているQRとECRに共通する概念を整理統合して理論化されたものである。CRの定義としては，「製造，配送，卸売，小売にいたるプロダクト・パイプラインを一気通貫のものとしてとらえ，関係企業すべてがパートナーシップにもとづく相互信頼のもとに，最新の情報技術を活用しつつ，消費者の側に立って，これを抜本的に再編成して効率化し，その成果を公平に分かち合おうとする考え方」である。この定義には，次の3つの基本的な要素が含まれている[10]。

　第1に，CRの本質は，消費者の視点からのリエンジニアリング（業務の抜本的革新）である。それは，製造から販売にいたるまでのプロダクト・パイプラインを構成するメーカー，卸売業，小売業という関係企業間のこれまでの業務の内容や手順を抜本的に見直し，製販一体となって根本的に再編成するものである。しかも，消費者に対する付加価値をどのように高めるか，あるいは消費者に対して付加価値のないコストや時間をいかに取り除くかということを最終目標とするものである。たとえば，リベートのような商慣行や流通過程での在庫期間などは，消費者の視点に立てば何の価値をも生まないことから，抜本的に見直すべきものなのである。

　第2に，プロダクト・パンプラインを構成する関係企業が相互に対等の立場に強い信頼関係を築き上げ，商品の製造，配送，卸小売りの各段階の業務を行なうに当たって密接に協力し，成果やリスクを公平に分配しようとするものである。これは「パートナーシップの構築」といわれている。従来の常識を破って，取引先のメーカーとの間で商品情報を常時共有し，プロダクト・パイプライン全体の製造，物流，販売に積極的に活用し，また，その実践の過程でリスクが発生すれば，関係企業が話し合って公平に負担していこうとするものである。このパートナーシップの関係は，CRのもとでのメーカーと小売業との新しい取引関係である。すなわち，営業マンとバイヤーという従来のワンマン・プレー方式が根本的に改められ，双方の各関連部署同士が密接に結びつくこと

となる。その結果として、次の2つの効果が生まれる。1つは、相互の企業間を往来する情報の種類と質、そしてその速度と正確性が著しく向上するということである。従来は営業マンやバイヤーを経由してともすれば歪曲されて伝えられていた双方の情報が、各関連部門が直接コミュニケーションを取り合うことによって、正確かつ迅速に伝達されることになるのである。もう1つは、2つの企業相互の担当部門がチームを組み、そのチーム相互のコミュニケーションを円滑にはかることによって、両者の日常業務の中のいろいろな分野において、さまざまな改革を実行することができるという点である。

第3に、個々の商品の販売、在庫、製造に関する情報を単品レベルで常時把握し、プロダクト・パイプラインを構成する関係企業が、必要な情報を共有するために、最新の情報技術を縦横無尽に活用するものである。これまでの大量の見込生産と大量販売の時代には、部門別の生産・出荷・販売データを把握することで十分であった。ところが次第に消費者の好みが多様化し、ますます細かいマーケティングが求められるようになってくると、もはや部門情報では役に立たない。そこでCRでは、商品の単品別の売上・在庫情報を収集分析し、これをプロダクト・パイプラインのすべての関係企業で利用しようとするものである。単品情報の収集は、従来からその必要性は認識されていた。しかし、小売りの現場での商品数が非常に膨大であることから、食品など一部の例外を除いて、これまでは実行できそうになかった。しかし情報技術の急速な進歩は、不可能を一気に可能なものへと変えてしまった。小売業にとって単品管理は、仕入れや在庫管理、販売促進など、あらゆる経営合理化の出発点となる。またメーカーとしても、日々入手する単品情報は、生産計画に反映させることができるだけでなく、原材料の調達にも生かすことができ、これによって企業経営を抜本的に効率化することができる。そしてこの両者が協力すると、伝票のペーパーレス化や検品レス、物流合理化などが直ちに可能となる。しかも企業間情報の活用をさらに進めると、在庫をパートナーが自動的に補充したり、商品の企画から販売にいたるサイクル・タイムを短縮したり、あるいは小売業とメーカーがそれぞれの知見をもち寄って共同で商品計画を立案することもできる。

これらは，消費者に対して新たな付加価値を生み出すのである。

　消費者が，どのような商品を，いつ，どこで，どれだけ必要としているかという情報は，非常に大量であるばかりか刻々と変化している。CRでは，この情報を正確かつ即時に共有し，その上でこの情報を最大限に活用し，すべての関係者が相互に連携しながら，具体的な目標に向けて機敏に行動していくのである。

(2) 情報技術活用の仕組み

　製販一体化をはかるCRを支える社会的基盤が，パートナーシップであるとすれば，これを支える技術的基盤は，最近急激に発展しつつある情報技術である。CRを支える情報技術としては，どのようなものが必要となるのか。もちろん，技術進歩の度合いによって新しい技術が出てきたり，既存の技術が陳腐化したりすることは考えられる。しかし現在のところ，CRに活用できる情報技術のうち，最も基本的な技術として，次の5つの技術があげられている[11]。

　第1は，JAN（日本標準商品コード）値札である。これは黒と白のタテ縞のバーコードの形で表現したものであって，世界で共通に使え，商品を管理する最小単位である最小在庫管理単位ごとに付けられている。

　第2は，EDIである。これは企業と企業，あるいは企業とデータベース・センターのコンピュータを相互に結びつけて，必要なデータを即時に交換するために必須の技術である。これによって，たとえば伝票などの書類を一切使わないペーパーレス取引も可能となる。

　第3は，POSシステムである。小売店頭で，顧客が購買する商品をPOSレジのところまでもち込むと，店員がスキャナーを使ってその商品コードを読み取り，お金を受け渡して決済する。JANコードが読み取られたその瞬間に，当該商品のコード番号が価格検索ファイルで照合され，その結果はレジ上で商品名と価格の表示となって現れ，同時にレシートが発行される。これとともにコンピュータ内で販売情報が時々刻々記録されていくのである。

　第4は，JANカタログ・データベースである。これは個々の小売業やメー

カーがその取引先ごとに個々に商品マスター・データを交換していたのでは，大変な手間とコストと時間がかかるので，業界全体の受け皿として，単一のデータベースを作ろうというものである。

　第5は，SCMラベルである。これは商品の物流を支援する技術であり，EDIの一種であるASN（事前出荷明細）という形で，商品を入れたカートンケースの内容に関する情報を出荷と同時に相手方にあらかじめコンピュータで送信しておくと，これと連動して流通段階での作業の段取りが合理化されるものである。特に納品の検品が必要でなくなることや，また仕入れ情報の収集も可能となる。

　これら5つの基本技術は，個々別々の情報技術ではなく，相互に密接不可分の関係にある。CRに関わる基本的な情報と業務の流れに従って，この5つの基本技術相互の関係を見ると，次の10のステップに分けることができる[12]。

① メーカーは，自社の商品について，その商品管理の最低単位であるSKU（最小在庫管理単位）ごとにJANコードを指定する。

② メーカーは，JANコードをバーコードで表したJAN値札を各商品につける。

③ メーカーは，どの商品どういうJANコードを指定したかという情報を，業界のJANカタログ・データベースに対してEDIを使ってオンラインで登録する。

④ 小売業は，このJANカタログ・データベースの内容を，定期的にEDIを使ってオンラインで取り寄せ，商品コードのいわば辞書を作成しておく。

⑤ 小売業からメーカーへ，商品の発注をJANコードを用いて，EDIを使ってオンラインで送る。

⑥ メーカーは，その受注した商品を選び出し（ピッキングという），それを商品運搬用のカートンに入れて出荷する。その際，カートン中の商品のJAN値札と，カートン自体に貼付されたSCMラベルをそれぞれスキャニングして，出荷情報をとる。

⑦ メーカーは，この出荷情報を商品の出荷と同時にEDIを使って小売業に

送付しておく。これが ASN と呼ばれるものである。
⑧ 小売業は,入荷したカートンの SCM ラベルをスキャニングし入荷情報をとる。
⑨ 小売業は,消費者が商品を買い上げる際,POS レジで JAN 値札をスキャニングすることによって,商品の売上げ情報をとる。
⑩ 小売業は,店頭における単品ごとの売上げと在庫の情報を,メーカーに対して EDI を使って伝送する。

こうして伝送された POS 情報などの商品に関わる情報を,プロダクト・パイプラインを構成する各関係企業がどのように活用していくかということこそが,情報リテラシーの中の最も本質的で重要な課題である。

3．日本型マネジメントの課題

(1) 求められる組織の革新

企業の情報化が進むと,いろいろな業務のタイムロスやスピードレスは解消できる可能性はかなりあるといえる。しかし他方で,情報技術がかえって悪い意味でのテコになって,いろいろな部門や従業員のパフォーマンス・ギャップがいっそう拡大し,その結果として個人個人のマインド・ギャップも拡大してしまう恐れがある。そのため,プラス面を強化し,マイナス面を回避できるような,情報化に向けた新しい組織の革新が必要になる。

高度な情報化に向けた組織の革新のためには,情報技術のアプローチと人間系のアプローチとを組み合わせて進める必要がある。その方針には,次の4つがある[13]（表2参照）。

第1は効率化である。業務の効率化によって,担当部門の本来の業務に集中できるようにする。そのためには,人間が行なっていた処理や判断業務の一部を情報技術によって自動化するのが有効である。エンドユーザー・コンピューティングのような環境は,この効率化のために非常に有効である。また,従業

表2　組織の革新に向けた両面アプローチ

革新の方針	情報技術のアプローチ	人間系のアプローチ
効率化 ・本来の業務に集中	処理や単純判断の自動化 ・ワークフローシステム ・ドキュメント管理 ・エンドユーザー・コンピューティング	時間リテラシー ・時間効率性の意識 ・裁量労働制
増力化 ・1人1人を強い社員に	意味のある情報や知恵の提供 ・知的ナビゲーション，シミュレーション	情報リテラシー ・知恵の共有資産化 ・情報発信の加点評価
協働化 ・組織の壁をなくし山を低くする	最適な専門家の協働環境 ・グループウェア ・プロジェクト情報の共有	コミュニケーションリテラシー ・会議や「報連相」作法 ・横断的プロジェクトの本業化
活性化 ・情報技術を人材活性化のテコに	ビジョン共有，自己実現の実感 ・経営情報の公開 ・経営者ホットライン ・顧客満足度フィードバック	バリューリテラシー ・自己目標水準の引き上げ ・個人成果へ受益者評価を反映

(出所) 野村総合研究所

員の時間リテラシーを高める仕組みも必要である。このためには，時間効率性の意識を高めることも大事だが，たとえば裁量労働制のような仕組みを取り入れて，自分の時間を本当に大切にするという意識を育てることも有効である。担当部門の本来の業務は何かについては，ビジネス・プロセス・リエンジニアリングによって，徹底的に掘り下げて検討していく必要がある。

　第2は増力化である。増力化によって，1人ひとりの従業員を強力にする。そのためには，情報技術によって価値の高い情報や知恵を提供できるようにすることが重要である。たとえば，シミュレーションなどは，人間の知恵の作業の一部を情報技術が補強してくれる仕組みだということができる。あわせて，情報リテラシーの向上が重要になる。知恵の共有資産化をはかるような活動を社内横断的に行なったり，情報を発信した人に加点評価をする仕組みを取り入れたりして，社員の情報リテラシーを高めていくことが求められる。

　第3は協働化である。協働化によって，組織の壁をなくし，山を低くする。

そのためには，グループウェアなどによって，専門家の最適な協働環境を作り上げることが大切である。あわせて，社員にコミュニケーションリテラシーを高める施策が必要である。たとえば，会議や日常的な報告，連絡，相談，いわゆる「報連相（ほうれんそう）」業務を見直すということもあるが，社内横断的なプロジェクトを設定して，この中でチームワークを定着させることも有効である。

　第4は活性化である。情報技術を人材活性化の道具として積極的に使っていこうとするものである。そのためには，情報技術を使って経営ビジョンの共有や自己実現を実感できるような仕組みを構築する。たとえば，経営情報を公開したり，顧客満足度をフィードバックするような仕組みを導入する。あわせて，人間系のアプローチでは，バリューリテラシーの向上が重要である。これは，社員1人ひとりが自分が生み出している価値に対する感度を高めるという意味で使われる。このバリューリテラシーを高めるためには，個人の成果の中に，社内外の受益者の評価を反映させる人事的な仕組みも必要になる。

　このような情報技術のアプローチと人間系のアプローチの諸施策をいかにうまく組み合わせても，日本型マネジメントには，組織の革新を阻む次のような3つの壁がある[14]。

　その第1は，情報技術の壁である。今日わが国のどの企業でも，大型汎用コンピュータのシステムがあったり，パソコンのシステムがあったりする。端末は別々だし，操作方法もバラバラなので，システムごとにデータを入れ直さないと使えない。こうしたつぎはぎだらけのシステムが，情報の自由な活用を阻んでいるのである。

　その第2は，人間の壁である。仕事の仕組みを変えようとしない人が足を引っ張る場合である。システムなどなくても仕事はできるという情報技術拒食症の人はどの組織にもいるが，こういう人たちがいては，いつまでたっても根回しや段取り偏重は変わらない。

　その第3は，組織の壁である。タテ割り組織の利害が，部門を超えた情報流通や協働を妨げてしまうのである。自部門の利益がどうしても最優先されるの

で，他部門に情報を提供するとか，全社横断的なプロジェクトに参加するといったことをしたくても，必ずしも認められない。こういうことがあると，組織は大きくは変わらないのである。

このような組織の革新を阻む壁を崩すためには，自在な情報活用を可能にするシステム基盤の整備により，ビジネスプロセスの変化への迅速な対応をはかっていくことが求められる。さらに情報リテラシーをよりいっそう向上させて，オープンで活力のある組織への自己改革が求められるのである。

（2）情報リテラシーの向上

オープンで活力のある組織というのは，フラットな組織つまり，分散型組織のことである。分散型組織の本質は，各部門や各個人に可能な限りの責任と権限を与え，現場に密着した的確な判断を迅速に行なうと同時に，各個人の活力を高めること，にある。そのような各個人が意思決定の責任と権限をもつという前提があれば，各人が自らの責任を全うするために，情報に敏感になり，それを積極的に活用しようというニーズが発生する。的確かつ厳しく評価される自らの業績を上げるためには，徹底した情報の活用が当然のように必要になるからである。分散型組織では，責任と権限をもつ個人が，自らの意思決定のために，他の個人と情報や意見を交換したり，現場の部下から情報を収集したりしており，2Wayコミュニケーションが基本となっている。

欧米企業では一般的となっているこのようなニーズが，たとえば電子メールのニーズになっているのである。留守番電話やファクシミリの代替としての電子メールの効果も大きいが，それだけで日本企業が従来のコミュニケーションの仕方を変化させてまで電子メールを使うようになるとは思われない。現実にわが国の電子メールの普及率は，アメリカに比べて極端に低いのである。2Wayコミュニケーションが成立するためには，各個人が情報を発信することも不可欠となり，そのためには，各個人が問題意識をもっていることが重要な条件となる。問題意識がなければ，ある情報に反応し，何らかの付加価値を付けることはできないからである。そして，各個人が発信する情報や意見につい

て，高い責任感と能力を備えていることが必要とされる。

わが国の企業がもつもう1つの特徴である，ボトムアップ型の意思決定も問題である。稟議制度や根回しなど，トップが単独で意思決定をしようとしない環境のもとでは，電子メールを駆使して情報を収集しようとするニーズに発展しない。

一方，ソニーのカンパニー制に代表されるように，分散型組織を標榜する企業も増えてきており，そうした組織で責任と権限をもつ事業部長が，電子メールの効果を認識した場合には，その浸透は驚くほど早いし，その効果も目覚ましいものがある。分散型組織を実現するのに電子メールが有効だと期待されている。確かに上下のコミュニケーションを容易にする道具があれば，組織のフラット化が進みやすいという側面はある。しかし，情報システムはあくまで道具であり，道具を入れたからといって，組織文化も経営体質も何も変わらないし，本質的な経営システムの欠陥を補うこともできないのである。

各個人に責任と権限を与える分散型組織を実現するためには，さまざまな経営システムの整備や意識改革も必要であるが，それと同時に，あるいはそれ以上に重要なことは，責任と権限を与えるだけの能力，責任感，意欲が，各個人において醸成されていることである。つまり，各個人が完全に意思決定ができ行動ができることが前提としている。必要な情報を，必要な時に，必要な人に発信できなければならないし，わずかな情報を理解し，的確に行動できなければならない。しかしそれらが，必要な自己改革の努力をなおざりにして，一朝一夕で達成されるとはいえないのである。現に，わが国で最も情報システムをうまく活用していると評価されている企業である花王でも，営業支援情報システムの導入以前に，各営業員の責任と権限を明確にするために，エリア制の導入という大規模な組織の改革を行なって，各個人の能力と責任感，意欲の醸成に長年にわたって取り組んでいたのである[15]。そうして初めて，情報システムがうまく機能するといえる。

また情報化は，情報処理が大変だとの嘆きを耳にする機会が多くなっているが，それを避けるために重要なことは，常に自らが仮説をもって，それを検証

する道具として，情報を活用する姿勢が大切である。大量のコンピュータの出力用紙も，仮説が明確に立っていれは，必要とする情報はそれを検証する1つであり，それ以外の情報処理の必要はないのである。この良い例が，POSシステムである。わが国でこのシステムを使いこなしているのが，セブン-イレブンである。セブン-イレブンのPOSシステムの目的は，各人が設定した仮説に対して，自らが検証を行なうこと，である[16]。そこでは，POSシステム導入以前から，仮説と検証の重要性がしつこいほど強調されていた。その姿勢の違いが，同じPOSシステムを導入していても，流通他社と業績において大きな差を生み出している要因の1つであるといわれている。

　このように情報化とは，情報を必要とする企業のニーズに対する解であって，そのようなニーズのない企業には，全く意味をなさないばかりか，情報洪水の犠牲にならざるを得ないのである。花王やセブン-イレブンの成功を学習するにおいても，過去からの慣習を根本的に見直し，経営のあらゆる局面で合理性を強化し，それを地道に積み上げていくことが，情報リテラシーの向上においても，結局は近道なのである。

おわりに

　最近の新しい情報システムの形態，たとえば，エンドユーザー・コンピューティングのように，顧客が情報システム部門の画一的管理から離れて，必要な時に，必要な情報を，必要なだけ活用する仕組み，などは，分散型組織をサポートするための分散型情報システムである。すなわち，これらの新しい情報システムは皆，分散型組織を前提とした個の確立した個人を支援する道具として機能することを目的としたものである。翻ってわが国企業の組織の多くは，集団主義を建て前としており，そうした組織風土が，情報システムの活用の基本レベルにおいて，障害となっている。情報ネットワークの機能の活用には，多くの企業やすべての部門を超えた横断的な取り組みとしての，標準化といった大きな変化が不可欠である。しかしわが国では，システムに対する拒絶感が先

立ち，標準化は企業間どころか企業内でさえ受け入れられないことも多い。これでは情報システムは，機能すべくもないのである。何にも増して，仮説と検証などを含む情報リテラシーを企業内に醸成しなければ，情報ネットワーク化によって，情報の洪水を招き，結果として組織の混乱を招くだけである。わが国企業にとって必要なのは，業務に情報システムを合わせるのではなく，業務を情報システムに合わせて，徹底的に組織を変革するという，大胆な発想転換である。すなわち，情報システム・ネットワークを完全に機能させることを目的として，組織風土を抜本的に変革することが求められる。

（1）清野龍介，田中　治，福井　宏「企業のコア・コンピタンスを革新する情報技術」知的資産創造，第3巻第4号，野村総合研究所，1995年，9頁参照。
（2）G. ハメル＆C. K. プラハラード共著，一條和生訳『コア・コンピタンス経営』日本経済新聞社，1995年参照。
（3）清野龍介，田中　治，福井　宏，前掲論文。
（4）グループウェアとは，電子メール，電子会議，電子掲示板，電子カレンダー，電子スケジューリング，文書共有，ワークフローシステムなどの技術の総称である。
（5）CALS（光速商取引）とは，企業活動のすべてに関する情報を電子化し，企業の枠を超えて情報の交換と共有を行なうことである。
（6）EC（電子商取引）とは，金銭の決済や個人間の通信を含むあらゆるビジネスのプロセスを，オープンなネットワーク上で電子的に行なおうという概念である。
（7）データマイニングとは，大量の情報から自動的に法則を発見する技術であり，たとえばクレジットカードの入会審査への応用例がすでに，80年代に登場している。
（8）M. B. Fester, A. Alles 共著，林田朋之，米沢寿員監訳『マルチメディアATMへの展望』日経BP社，1996年参照。
（9）岩島嗣吉，山本庸幸共著『コンシューマー・レスポンス革命』ダイヤモンド社，1996年参照。
（10）同上書，6頁参照。
（11）同上書，33頁参照。
（12）同上書，82頁参照。
（13）淀川高喜「ホワイトカラーの生産性向上」知的資産創造，第4巻第1号，野村総合研究所，1996年，8頁参照。
（14）同上論文，11頁参照。
（15）ダイヤモンド・ハーバード・ビジネス編集部編『高収益企業の情報リテラシー』ダイヤモンド社，1995年，84頁参照。

(16) 同上書，89頁参照。

第5章　ジャスト・イン・タイムとクイック・レスポンス

はじめに

　わが国ではじまったジャスト・イン・タイムをヒントとして，1980年代後半に提唱され，米国繊維産業で導入されたクイック・レスポンスにわが国産業界の関心が集まっている[1]。90年代に入ってクイック・レスポンスは，米国のあらゆる消費財産業に広がっており，米国消費財産業の再生をかけた産業社会運動であると理解されている。産業社会の根底から新しいオープンなルールを模索し，構築していこうとする運動である。

　一方わが国では，消費者ニーズに対応し市場の多品種少量化が進んだといわれながら，消費者ニーズを正確に把握できないままに，多品種化が進められたという現実のために，バブル経済の終焉によって，企業のコスト意識をよみがえらせ，曖昧な多品種少量とジャスト・イン・タイムのあり方への反省が高まっている。その象徴的な出来事が，物流費高騰と環境問題を背景にした多頻度小口配送に対する批判的な問題提起であった。また企業では多品種・多品目化が行き着くところまで行き着き，売れる商品の在庫不足と売れない商品の在庫過剰が発生する傾向が強まり，在庫調整問題が強く意識されるようになった。

　同じ多品種とジャスト・イン・タイムを生産のパラダイムとしながらも，米国では，クイック・レスポンスへと発展し，消費財産業の構造改革をリードしている点が注目される。ここではこうしたジャスト・イン・タイムとクイック・レスポンスについて検討してみる。

1. マーケティング志向のジャスト・イン・タイム

(1) 実需対応型生産システム

　ジャスト・イン・タイムとは，基本的に，必要なものを，必要な時に，必要な量だけ供給することを意味している[2]。それにより，ムダが徹底的に排除される。そればかりでなく余裕のない生産を強いられることにより，弱さが洗いざらい出てくることになる。出てきた弱さをすべて解決しておかないと生産が不可能となるため，ジャスト・イン・タイムを可能にするための努力の過程で，強い企業体質へと改善されることになる。

　ジャスト・イン・タイムは，トヨタ自動車で生み出され，その後広く内外の自動車産業に取り入れられてきた。またこの考え方が他産業に応用されるようになり，NPS (New Production System)[3] とも呼ばれている。こうした背景には，生産したものを売るという姿勢から，売れるものだけを生産するという姿勢への転換がある。そして企業のマーケティングによって，売れる見込みのあるものだけを，生産するという方式がとられるようになった。ジャスト・イン・タイムの生産を可能とする条件としては，全数が良品でなくてはならないこと。また自働化した機械で省人化しても，不良品を作っては何もならないので，異常が発生したら自分でそれを感知して自分で止まる管理システム（自働化）が必要であること。つまり製品の品質がかなり向上していることが前提となっている。また生産工程には，次のような工夫が必要とされている[4]。

　第1は，需要の変化に適応するために，需要以上にものを作りすぎないことである。それには，売れ行きによって生産のサイクル・タイムを決め，このサイクル・タイムでものを作ることによって初めて，作りすぎのムダが排除される（生産の平準化という）。

　第2は，多品種少量化・短サイクル生産に対応できるようにしておく必要がある。それには，生産リードタイムを短縮するための段取り替え時間を短くす

1. マーケティング志向のジャスト・イン・タイム　89

るなどの工夫が必要になってくる。最近ではこれに，産業用ロボットなどのFA機器や，さまざまなコンピュータやFMSを統合したCIMが採用されている。

　第3は，不良品を出さない工夫が必要になってくる。このため，不良品が見つかったらすぐに生産ラインを止め，不良品を発生する原因を見つけ，それを現場で解決していくことが大切である。こうした不良品発生を事前に防ぐ方法として，トヨタ自動車では自働化を実現するための目で見る管理方式や，現場の人の士気を高めるための小集団による改善活動と提案制度などが講じられている。

　このようにジャスト・イン・タイムは，生産志向ではなく，マーケティング志向から生み出されてきたものであり，需要に応じてタイムリーにものを供給するためには，どのような生産体制を構築したらよいかを考えるところに意義があるといえる。そしてその結果として，工程のムダ，ムラ，ムリが明らかとなり，それを改善することで，品質向上と品質改善，および生産性志向がはかれるのである。

（2）ジャスト・イン・タイムのジレンマ

　ジャスト・イン・タイムは，在庫を極力もたないという考え方であるから，これに厳密に従っていれば在庫が増大することがなかったはずであるが，実際には，在庫調整の需要動向への適応を困難にし，在庫偏重，在庫切れ，在庫過剰が起こりやすい環境を作り上げてしまった。ここにジャスト・イン・タイムのジレンマが存在している。こうしたジレンマを生み出した要因として，次の5つが考えられる。

　第1に，ジャスト・イン・タイムは，基本的にはマーケティングにもとづいて売れる見込みのあるものだけを生産するのであって，消費者の注文を待って生産するわけではない。したがって過去の販売データや営業マンの報告などから，実需をかなりの確率で予測し，これにもとづいて生産計画を立て，1年，半年，1カ月等の単位で関連企業に発注し，その見直しを知らせる。販売予測

がはずれると，ジャスト・イン・タイムによる生産方式は混乱してしまうので，予測通りに販売が伸びるという経済環境を前提としているのである。

　第2に，ジャスト・イン・タイムは，生産方式であり，もの作りの域にとどまる考え方とその実践である。したがって製造現場に関わる在庫削減という効率化を実現させたけれども，完成品在庫をなくすまでにはいたらなかった。たとえばトヨタ自動車の本体には在庫はなくても，ディーラーに在庫をもたせていたのであり，売れ残りの完成品在庫が相当程度発生していたのは否めない事実である。

　第3に，ジャスト・イン・タイムは，余分なものを作りすぎない後補充生産方式を基本としている。これは生産の工程を2つの段階に分けて，前の段階では中間製品を見込み生産し，後の段階では顧客の注文に応じて注文生産するというものである。この最大のメリットは，商品の多様化・短サイクル化がとどまるところを知らぬ中で，作りすぎを防止できることにある。しかし，動きの早い市場に対応しての新製品への切り替えや製造中止といった事態が繰り返されるたびに，ディーラーやストア在庫は否応なく残らざるを得ない。つまり作りすぎは防止できても，売れ残りは防止できないという悩みは解決できない。

　第4に，ジャスト・イン・タイムによる多品種少量生産によって，各企業が生産品目数を増加させた結果，従来の物流体制では多品種少量に応じきれないことが次第に明確になってきた（図1参照）。これまでの物流体制は，特約店などの一次卸から地方問屋の二次卸を通じて小売店に納入する場合でも，またメーカーが地域ごとに散在する直営の販社を通じて小売店に納入する場合でも，流通の各段階で在庫して，顧客の注文にはその在庫から素早く応じようとするものであった。こうした物流体制は，多品種多量や生産品目数が限られていることを前提にして形成されたものである。

　第5に，ジャスト・イン・タイムを可能にしたのは，メーカーを中心とする系列関係，長期的・継続的取引関係，ネットワークの構築といった緊密な企業間連携である。そして近年のコンピュータや通信技術の発達によって，メーカーは自社情報システムの構築によって，製品開発プロセスの適正化と受発注シ

1. マーケティング志向のジャスト・イン・タイム　91

図1　多品種化が物流に与える影響

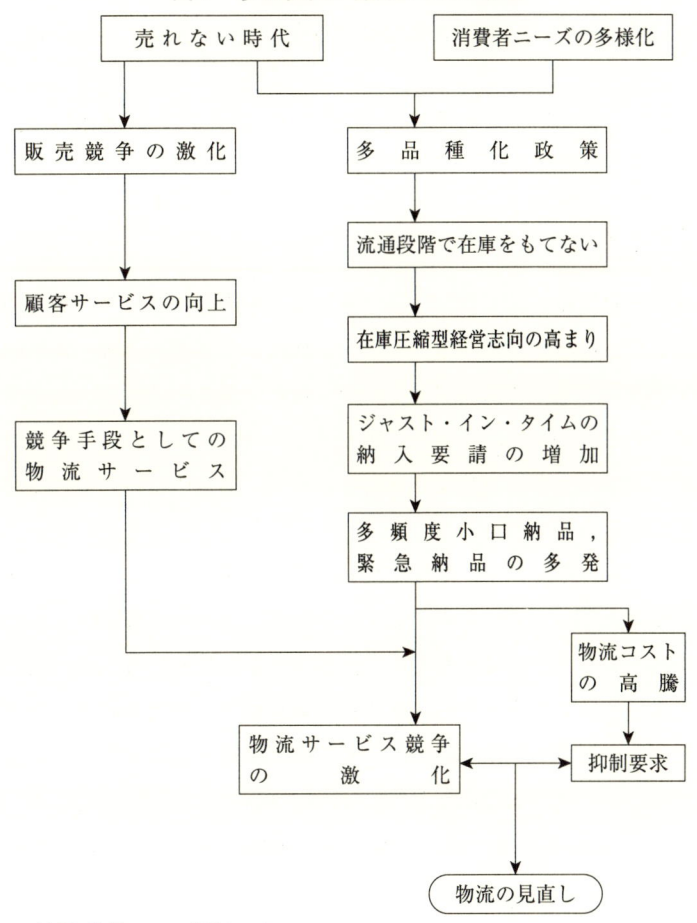

```
売れない時代            消費者ニーズの多様化
    ↓         ↓              ↓
販売競争の激化         多品種化政策
    ↓                     ↓
                    流通段階で在庫をもてない
    ↓                     ↓
顧客サービスの向上      在庫圧縮型経営志向の高まり
    ↓                     ↓
競争手段としての       ジャスト・イン・タイムの
物流サービス           納入要請の増加
    ↓                     ↓
                    多頻度小口納品,
                    緊急納品の多発
                         ↓         ↓
                                物流コスト
                                の 高 騰
                    物流サービス競争
                    の  激  化   ← 抑制要求
                         ↓
                    物流の見直し
```

（出所）流通システム開発センター

ステムの短サイクル化を実現している。一方流通の末端にある小売店頭で自働的に発生する POS データ（販売時点管理情報）や商品発注時に自働的に生成される EOS データ（電子発注情報）等による小売業における革新的な情報システムの構築が進展している。このような製造業と小売業のパートナーシップと情報の共有化を軸にした企業間連携は，一部の先進的企業を除きわが国では一般

的ではない。こうしたジャスト・イン・タイムのジレンマを解消しているのが，次に述べるクイック・レスポンスなのである。

2．トータルシステムとしてのクイック・レスポンス

(1) クイック・レスポンスの展開

クイック・レスポンスとは，商品とサービスを顧客に対して，顧客の望む時に，正確な量と品揃えで供給しようとする仕組みであり，それを恒常的に最小のリードタイムと最小のリスクで，しかも最大の競争力で行なうことを目的とするものである。つまり，生産から販売までのサイクルをできるだけ短縮するとともに，欠品率ゼロを実現する体制をつくり，顧客の嗜好の変化に即座に対応しようとするものである[5]。

クイック・レスポンスは，米国で1980年代の後半に，テキスタイルメーカーであるミリケン社のロジャー・ミリケン会長が，トヨタ自動車のジャスト・イン・タイムをヒントに提唱したもので，繊維産業で最初に導入された。米国での調査によると，糸の生産から最終の縫製品を経て，消費者の手に渡るまでの生産・流通にかかる時間は66週で，うち実際に製造加工されているのは，わずか11週であり，残りの55週は，在庫，待機，輸送等にかかっていた（図2参照）。このように繊維産業では，生産・流通期間が長いので，需要の変化に柔軟に対応することがきわめて難しい。

このため，品切れによる機会損失や売れ残り品の値下げによる損失などが生じ，それは小売市場の26％に当たるといわれる。そしてクイック・レスポンスが全面的に導入された場合，糸の生産から，小売店までの生産・流通期間が21週と，1/3に短縮され，これによって見切りロスや値下げロス等は小売市場の13％に半減するだろうと予測されている。

クイック・レスポンスが出現した背景には，海外市場からの安い製品の流入による消費財産業の国際競争力の喪失，「パワー・センター」[6]などの新しい

2. トータルシステムとしてのクイック・レスポンス

図2 クイック・レスポンス（QR）による効果

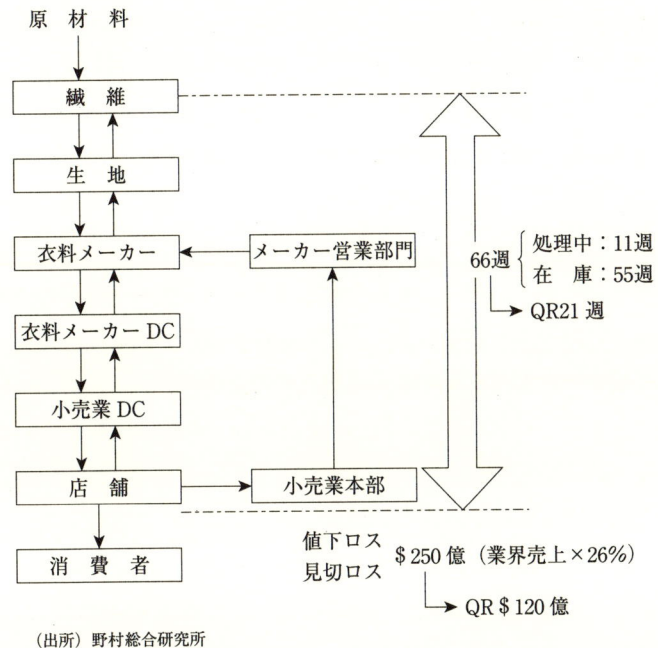

```
原材料
 ↓
繊維 -------------------┐
 ↓                      │
生地                    │
 ↓↑                     │
衣料メーカー ← メーカー営業部門  66週  処理中：11週
 ↓                      │         在 庫：55週
衣料メーカーDC           │       → QR21週
 ↓                      │
小売業DC                 │
 ↓                      │
店舗 → 小売業本部 -------┘
 ↓
消費者         値下ロス  $250億（業界売上×26％）
               見切ロス
                       → QR $120億
```

（出所）野村総合研究所

小売業態の出現にともなう百貨店，スーパー，専門店など既存小売業の収益状況の悪化，M&A（企業の合併・買収）などによる産業のリストラクチャリング（事業の再構築）といった80年代の米国の産業事情があった。中でも米国繊維産業は，MFA（国際繊維製品貿易取極）にもとづく輸入規制を実施している[7]のにもかかわらず，輸入額が国内生産額の3倍以上という重大な危機に直面した。このため輸入品に対する競争力を獲得するために，クイック・レスポンスを提唱し，テキスタイルからアパレル，小売業にいたるトータルなシステム革新をはかっているのである。もともと米国では，反トラスト法と慣習とによって，企業間・産業間の水平的連携や垂直的連携は，わが国に比べてはるかに弱いものであった。こうした企業間連携のないことが，製品と生産工程の革新を妨げ，また市場と技術に関する情報の流れを妨げているという認識が高まっている[8]。クイック・レスポンスは，このような生産性と競争力の回復にとって有効な企

業間連携を，米国国内に作り出すことを提唱するものである。

　米国繊維産業で導入されたクイック・レスポンスの現在における普及状況を見ると，アパレルの製造業と小売業では，95％の企業が実施しており，テキスタイルでは，30％の企業が実施している。90年代に入って他の消費財産業にも広がり，雑貨，電化製品，食品産業を中心に普及状況は，30％となっている[9]。

（2）パートナーシップと情報の共有化

　クイック・レスポンスは，生産から販売までのサイクルを短縮して顧客のニーズに迅速に対応するものであるから，密接な企業間・産業間の連携が必要とされる。これまでのような小売業と製造業の角を突き合わせた対立の関係ではなく，パートナーシップ（信頼関係）の確立という発想の転換が求められるようになった。特にクイック・レスポンスがうまくいくカギとなるのが，顧客の購買動向を知り得る立場にある小売業と，商品企画を行なう製造業との間でのパートナーシップの確立である。クイック・レスポンスの登場により，両者の関係は，対立から協調へと変化してきている。小売業と製造業は，経営のトップから生産部門，販売部門，物流部門，システム部門まで，あらゆる階層でコミュニケーションを通じての人間関係の確立に真剣に取り組むようになってきている。

　このパートナーシップを支えているのが，コンピュータと通信技術の活用による企業間情報システムである。初期段階では，コンピュータシステムによるEOSデータや小売業の売上げ詳細情報であるPOSデータの交換が行なわれたが，情報の共有化を促進するためには，小売業と製造業が共通のコードで情報交換できなければならない。このために，統一商品コード，EDI（電子データ交換），出荷コンテナコードを中心とした企業間情報システムの標準化が，1987〜88年にかけて検討された。これらは各産業別民間の任意団体であるVICS委員会（Voluntary Interindustry Commerce Standards Committee）と共通コード協議会（UCC）によって維持・発展がはかられている。これまでに共通標準化された主な内容は，表1の通りである。

表1 米国産業界で共通標準化された事項

名　称	内　容
統一商品コード	各商品のアイテムコード，バーコードの共通化
EDI	データ交換の効率化 ・受発注 ・送り状 ・先送り船積み通知 ・在庫勧告 ・POSデータ ・価格・販売カタログ
出荷コンテナコード	製造業から小売業へ出荷するコンテナにバーコードを利用

(出所) 野村総合研究所

　VICS委員会には，Kマート，ウォルマート，JCペニーなどの大手小売業をはじめ，リーバイスなどの大手アパレルメーカー，さらに川上，川中の有力メーカーが参加している。クイック・レスポンスの実施は，小売業や製造業に，EDIに対応した情報システムの変更と業務の変更をともなうことになる。情報システムの変更は，小売業では，POS，EOSの新規導入や再構築を，また製造業では，CIM（コンピュータによる統合生産）システムの構築をともなうケースがほとんどである。したがって取引先との関係を全面的に変更すると同時に，情報システムを大幅に変更するので，社内から相当の抵抗がある。そこで，経営のトップがクイック・レスポンス導入の前面に出て，全社的な方針として推進するとか，関連部門の実行責任者を集めたプロジェクトチームを作りトップダウンで強力に進めるとか，あるいはパートナーシップに合わせたかたちで人事考課を行なう，といった方法をとることが多い。

　クイック・レスポンスの意義は，こうした企業間のオープンな情報交換を目指すところにあり，今後は新製品情報の共有化，さらには共同によるテストマーケティングの実施へと発展することが期待されている。米国におけるこのようなクイック・レスポンスの動向は，これからの情報システムを基盤とした企

業間取引の1つの方向性を明確に示しているといえよう。

3．ジャスト・イン・タイムを超えて

（1）情報ネットワーク化の光と影

　わが国では，小売業，卸売業，製造業を問わず，大手企業が取引先との間に受発注のオンラインシステムを構築するなどして，企業が独自に情報のシステム化，ネットワーク化に取り組んでいる。しかし，米国型のクイック・レスポンスへの対応をはかるためには，個別の企業間ネットワークのほかに，業種別，業態別，地域別といった共同型の情報ネットワークを構築する必要がある。その理由や背景としては，次のようなものがある[10]。

　第1は，多様かつ多数の取引先との間で，情報を迅速かつ正確に，そしてより安く伝達，交換，処理できるネットワーク作りは単独企業では限界があること。

　第2は，企業間情報を円滑に伝達，交換，処理するためには，取引条件，商品コード，伝票，プロトコル（伝送手順）などの仕様や体系を標準化する必要があること。

　第3は，取引は自由な企業間契約で行なわれるべきであり，そのために，自由に参入，脱退できるオープンな情報ネットワーク作りが望まれること。

　これらの視点から総合的な情報ネットワークの構築が実現されることによって，次のような効果が期待される。

　第1に，業界，業態，地域などの特性に応じたさまざまな経営情報が迅速に提供されるようになり，需要動向変化に柔軟かつ的確に対応し，迅速な商品供給が行なえるようになる。

　第2に，取引にともなう受発注，出荷・納品，代金決済などの情報が円滑にやりとりされることによって，個別企業の事務処理の効率化と迅速化がはかれる。

第3に，的確な受発注情報にもとづく物流管理の効率化と在庫管理の適正化がはかれる。

　こうしたメリットというのは，システム的に情報が流れることによって，情報ネットワーク内に所属する製造業，卸売業，小売業，物流業など全般にもたらされ，ムダの少ない効率的な経営ができるようになる。また，経営の効率化から，流通コストや製造コストの低減が実現できれば，最終的には商品価格の抑制やサービスの向上がはかられ，消費者にとっても多くのメリットが生まれてくる。

　このような情報ネットワーク化の有効性を認めつつも，わが国では共同型のネットワーク構築への志向は，さほど顕著ではない。さまざまな制約要因が横たわっているからである。いわば情報ネットワーク化を推進する際の影の部分とでもいうべき制約要因としては，

　第1に，システム構築には既存の取引条件の大幅な刷新が必要とされるが，わが国では委託販売や返品制度など複雑で多様な商慣行が存在していること。

　第2に，ネットワーク化を進めるためには商品コード，伝票・帳簿類，プロトコルなどの標準化が必要であるが，わが国では自社システムの延長でのみ効率化をはかる結果，力の強い企業のシステムが優先され，各社ごとに業務処理標準が異なっていること。

　第3に，情報ネットワーク化によって的確な需要動向の把握ができるとしても，わが国では売れ筋情報への模倣的追随から過剰生産を招き，逆に業界を混乱させてしまうこと。

　こうした影の部分を排除するためには，わが国に内在する既存の生産・流通システムの刷新をはかっていくことが必要である。

（2）生産・流通システムの変革

　情報ネットワークが有効に活用されるためには，生産現場と末端小売段階との情報直結とこれに対応した生産・流通体制の整備によって，初めて可能となる。情報ネットワークが，生産・流通システムをより効率的に稼動させるとす

れば，逆に生産・流通システムとうまく連動し得ない情報システムは，その有効性を著しく減殺されることになる。

たとえば，わが国繊維産業における産地の生産・加工流通体制は，情報化への適応も進みつつあるとはいえ，関連工程まで含めて全体を見渡せば，情報化機器の導入自体も課題となり得ない生業的で零細な業者によって支えられている。さらにその生産・流通構造も多段階かつ分断的である。繊維産業の生産・流通システムは，こうした多段階の生産工程間分業と，仲間取引を通したリスクの分散的吸収の仕組みに特徴づけられ，独特の商慣行を生み出してきた。また，川上，川中，川下という表現に見られるように，相場変動に左右され仮需性の強い川上と，実需性の強い川下というまったく異質な性格をもった段階を包摂している点にも特徴がある。また，市場リスクを回避すべく原反保有という延期の原理が作用する一方，中間在庫保存による需給調整という投機の原理も組み合わされ，川上から川下にいたる生産・流通システム全体としての市場リスクの軽減が行なわれている。

こうした素材生産から最終製品にいたるまでの各生産工程が細かく分断された複雑な供給システムをそのままにして，全体として情報ネットワークの網に包摂してしまうのは，現実的には想定できにくいことである。したがってわが国繊維産業の場合，情報ネットワークの導入は，こうした既存の生産・流通システムの相当な変革なしでは困難である。

情報ネットワーク化の先進的事例として有名なイタリアのベネトンの場合でも，染色工程の後送りやCAD／CAMによるサイズの自動変更などの生産システムの革新とそれに対応した流通システムの刷新によって，クイック・レスポンスを成し遂げたとされている[11]。

情報ネットワーク化の最大のメリットが，情報伝達の円滑化によって，生産と消費の間のタイムラグを可能な限り圧縮し，商品やサービスの提供を顧客ニーズの発生時点に限りなく近づけようとするところにあるとすれば，生産段階では何よりもリードタイムの短縮，つまりジャスト・イン・タイムが必要であるし，流通段階ではより即納性に優れた流通体制の整備が必要とならざるを得

ない。このような情報を活用し得る効率の良い生産システムを採用し，即納性に優れた流通体制の整備をはかっていくためには，たとえば繊維産業では，生産・加工工程の垂直的・水平的統合が求められるであろう。また，流通段階においても，新たな生産システムに対応した流通チャネルの短縮化などの刷新を余儀なくさせられるであろう。少なくとも，産地型の生産分野における流通体制や，既存の問屋の機能的分業関係や地方問屋を仲介とする小売業との結びつき方などは，大幅に刷新されなければ，情報ネットワークの構築も困難であるし，情報ネットワーク化ができなければ，クイック・レスポンスへの道は遠いといわなければならない。

お わ り に

わが国で生まれたジャスト・イン・タイムの考え方は，普遍性をもっていたため，米国に取り入れられて，生産・販売・物流といったトータルシステムとしてのクイック・レスポンスとして展開され，逆にわが国に導入されるようになった。特に繊維産業では真剣に検討された。クイック・レスポンスを確立するためには，パートナーシップと情報の共有化が必要とされるが，わが国の場合，生産の系列化や流通の系列化が強固に存在し，その中では比較的パートナーシップと情報の共有化も見られているが，系列外では，米国以上に企業間の対立が激しいし，何よりも生産と流通は分断されているのが一般的である。またわが国では，小売業がPOS情報を無償で仕入先に公開することはないが，米国ではパートナーシップの名のもとに当然のように行なわれている。さらにわが国では，強者が弱者にリスクを負担させるとか，返品制度が存在するとか，契約の概念が不明確とか，いろいろと曖昧な商慣行が，企業間情報ネットワークを構築する上で最大の壁になっている。こうした既存の生産・流通システムの変革なしにクイック・レスポンスは不可能である。

(1) 平成5年6月に中間報告された「新繊維ビジョン」では，クイック・レスポンスへ

の対応の整備が必要であると指摘されている。
(2) 門田安弘『新版トヨタの現場管理』日本能率協会，1986年。
(3) 篠原　勲『NPSスリム経営の極致』東洋経済新報社，1992年を参照。
(4) 大野耐一『トヨタ生産方式』ダイヤモンド社，1993年参照。
(5) Kurt Salmon Associates, "Questions & Answers about Quick Response" September, 1986, p. 1参照。
(6)「パワーセンター」とは，カテゴリーキラーと呼ばれるディスカウント・ストア（たとえばトイザラスなど）がショッピングセンターとして集合したものである。
(7) MFAで繊維品輸入の規制を実施していないのは先進国の中では日本だけである。
(8) MIT産業生産性調査委員会著，依田直也訳『Made in America—アメリカ再生のための米日欧産業比較』草思社，1990年参照。
(9) NRIシステム情報「マンスリー・レポート」1993年7月号，野村総合研究所。
(10) 浅野恭右編著『企業間情報ネットワークの基礎知識』日本実業出版社，1992年参照。
(11) ルチアーノ・ベネトン著，金子宣子訳『ベネトン物語』ダイヤモンド社，1992年参照。

第6章 アウトソーシングとその戦略的活用

はじめに

　最近,戦略的なアウトソーシングに関心が集まっている。業務の効率化によって大きなコスト削減に結びつくことはもちろん,グローバル化や規制緩和への対応,事業の多角化など,変化の激しい大競争時代に,的確かつ迅速な対応を行なうのに威力を発揮するからである。アウトソーシングは,80年代に米国で,組織のリエンジニアリングの切り札として,コスト削減やコアビジネスへの経営資源集中のため,業務の一部を外部専門機関に委託することが広く行なわれ,有効な経営手法として注目されるようになった。

　最初は,技術的にも進展著しかった情報システム部門について導入されることが多かったが,今日では,福利厚生,人事研修,マーケティング,物流から,エンジニアリング,総務経理,営業販売にいたるまでほとんど何でもあり得るというのが現実となっている。わが国でも,ここ10年ばかり,この種のアウトソーシングを専門に引き受けるアウトソーサーも急増している。欧米系やベンチャー企業に加えて,大企業も長年培った専門性を外に出す形で子会社等を次々に設立している。

　ニュービジネス協議会等の資料によれば,アウトソーシングは,すでに約25兆円の事業規模,200万人の雇用をかかえる有望産業とされている。すべての業務をワンセットでもつ必要があるという過去の常識が,今,見直されている。自分たちの組織のコアビジネスは何か。誇れる強みは何なのかを見極めた上で,その部分に経営資源を集中する。それ以外の部分はそれぞれのプロに委託し,全体としての組織の競争力を強めることがきわめて重要な課題となっている。ここではこうしたアウトソーシングとその戦略的活用について検討してみる。

1. アウトソーシングの背景

(1) アウトソーシングの由来

　現在，企業を取り巻く環境は大きく変化している。その基本的な流れは，経済の成熟化や国際的な企業間競争の激化などであり，一方では情報技術の急激な進展があげられる。また，昨今ではデフレ経済が進行する中で，企業収益がますます落ち込んで，多くの企業は経営の抜本的な見直しを迫られている。こうした環境変化に的確に対応し，有利な競争を展開していくためには，確固たる経営戦略の展開と，革新的な経営手法が必要である。経営戦略については，それぞれの企業規模や経営資源の内容，市場のポジションによってとるべき方法は異なるが，最近では，合併・買収（M&A），提携（アライアンス），分社化などが有効な手段とされる。また，革新的な経営手法としては，リストラクチャリング（事業の再構築）やリエンジニアリング（業務プロセスの再設計）などがある。ところが，アウトソーシングは，経営戦略や経営革新を実行していく手段としてもきわめて有用とされている。

　もともとアウトソーシングというのは，「外部資源の活用または経営機能の資源の外部化」を意味し[1]，その機能や資源を外部のアウトソーサーに請け負ってもらうことである。したがってアウトソーシングの対象は，総務，人事，生産，販売など経営機能であればどのような機能であってもかまわず，古くから行なわれてきている。しかし1990年代になってアウトソーシングという言葉は，情報システムと結びつけて脚光をあびるようになった。このように，近年では，アウトソーシングは情報システムが先鞭をつけて，続いて他の分野でも用いられるようになった。アウトソーシングは，「外部資源の活用」にほかならないが，その活用目的が不明確であったり，アウトソーサーとの関係が緊密でない場合には，必ずしも期待した効果が得られないことは，他の商取引と同じである。したがって，アウトソーシングを活用する場合は，まず何のために

1. アウトソーシングの背景　103

という，目的を明確にすることが重要である。そしてどの機能を外部にアウトソーシングするのか，また，どんな機能を外部から取り込むのか，などを明らかにする必要がある。

　90年代にはじまったわが国企業のアウトソーシングは，リストラクチャリングの一環または延長線上で行なわれた施策の1つであった。リストラクチャリングは，事業領域（ドメイン）のうち何を自社で営み，何を社外に依存すべきかを決めて，戦略展開をはかるものである。ここには，自社にとってのコアビジネスを再定義し，そこに経営資源を重点的に配分するという考えがある。そして，コアでない業務については外部のアウトソーサーを活用するのである。そして最初にアウトソーシングの対象になったのが，情報システム部門であった。情報システムコストは，開発から運用まで時間がかかることもあって，固定費化する傾向があり，これの大幅な削減がねらいであった。情報システムコスト削減の主な内容は，次のようなものである[2]。

　第1は，メインフレームの統廃合や保守コストの削減，情報システム要員の削減，新規開発の凍結，外注の内製化などである。これらは負のリストラクチャリングである。

　第2は，これまで企業内に蓄積された情報技術やスキルをベースに，新規事業へ進出する場合である。これらは正のリストラクチャリングである。

　第3は，情報技術（IT）によるビジネスプロセスの組み替えである。アウトソーシングは，この方策の1つとしてとらえられる。ビジネスプロセスの組み替えは，戦略的提携の一環として行なわれたり，あるいはアウトソーシングによる組み替えのほかに，インソーシングの方法もある。

　第4は，エンドユーザー・コンピューティング（EUC）の推進である。EUCとは，エンドユーザーが情報の消費者または生産者として情報システムを主体的・直接的に利用したり，あるいは開発したりすることをいう。EUCの推進には，トップダウンによる展開，電子メールの普及，情報リテラシーに関する教育の実施などがあげられる。

　アウトソーシングは，これらの情報システムコスト削減への対応の中で，リ

ストラクチャリングまたはビジネスプロセスの組み替えの1つの方策である。情報システム部門をアウトソーシングすることによって，ユーザーはいくつかの効果が期待できる。それらの主なものは，アウトソーサーの規模と専門性によっては大幅なコスト削減が期待できること。またそれによって生じた余剰人員を有効に活用することができることなどである。

(2) コアビジネスの強化

経営戦略との関係で最も大きなポイントは，アウトソーシングすることによって，コアビジネスへ経営資源の集中がはかられることである。コアビジネスとは，自社の中核業務のことをいい，たとえば製造業であれば商品企画や生産部門であり，販売会社であれば販売企画や販売部門である。また，自社のコアビジネスのうち，特に自社ならではの価値をもつ中核的な企業能力のことを，コア・コンピタンス[3]という。アウトソーシングによって，それ以外の機能をアウトソーサーに委託することで，人材，資本などの経営資源の再配分が行なわれることになり，コアビジネスへ経営資源が集中されるのである。これにより企業ドメイン[4]が再定義され，専門性の高度化や品質の向上がもたらされる。結果として企業体質の強化や顧客の満足度が向上し，競争力，収益力が増大するのである。また，自社にない機能を外部の優秀なアウトソーサーから取り入れることは，高いレベルの能力へのアクセスができ，パートナーシップのもとに両者のシナジー効果によって新たな付加価値を創出することが可能となる。新製品の開発を共同で取り組むなどがその例である。

さらに，新規事業への進出などにアウトソーシングを積極活用することは，初期投資額を軽減して展開速度を早めることも可能である。このようなアウトソーシングの活用は，ビジネスの機会損失を防ぐとともに，競争環境が変化しやすく技術革新の激しい分野では，資金投入リスクが回避され，リスク分散効果もある。特に経営資源に恵まれないベンチャー企業や中小企業などでは，外部の有力なアウトソーサーと手を結ぶことが戦略上の1つのカギである。ある部門をアウトソーシングの対象とすることは，その経営機能とそこに従事する

1. アウトソーシングの背景　105

人員を削減することである。

　これを組織戦略から見ると，次のようなプラス面とマイナス面がある(5)。プラス面としては，第1に，身軽でスリムな組織になる。第2に，変化に柔軟に対応できる組織に変革できる。第3に，柔軟な雇用形態や給与体系を職務給にシフトするなど人事・給与面での改善も可能となる。反面，マイナス面としては，第1に，社員が動揺したり，コミュニケーションが円滑でなくなる。第2に，従来までの部門間連携によるシナジー効果を失う。第3に，アウトソーサーに対するマネジメント力の不安，などが考えられる。

　したがって，アウトソーシングを導入することは，高度な専門性や効率性を前提とした考え方が必要であり，そのために，組織の役割やコスト，収益性を十分分析するとともに，従業員数も総合的に考慮していかなければならないのである。また，内部の機能と外部の機能の関係を十分に把握し，双方が円滑に機能を果たせるような仕組みを構築していくことが重要である。それとともに，外部機能とのネットワークやオープンな企業間連携を可能にすることにより，アウトソーサーとのシナジー効果も生まれ，それが自社製品の高度化や付加価値の創出にもつながるのである。どの機能をアウトソーシングするか，また，どのような契約関係を結ぶかにもよるが，業務量が増減した場合でも自社内では一定の経費が固定的に出ていくのに対して，アウトソーシングでは，外注経費として人件費などを変動費用できる。しかも必要な時に必要な業務を委託することも可能であり，景気変動にも対応できる強い企業体質を構築できるのである。

　アウトソーシングは多くの場合，内部で培ってきた機能や業務を外部に出すことから，アウトソーサーとのパートナーシップにもとづいた協力関係が欠かせないとされているが，アウトソーシング自体の特性から生ずるデメリットもいくつか指摘されている(6)。

　第1は，社内機密やノウハウの外部流出である。これに対しては，機密保持を条件とした信頼できるアウトソーサーを選択するとか，契約条項で機密保持を明記するといった対策がとられており，機密やノウハウの外部流出はほとん

ど見られないのが現状である。

　第2は，社内における専門性やノウハウの喪失である。これについては，その業務分野の担当者を必ず社内に配置し，アウトソーサーの仕事内容の把握やマネジメントに当たることで十分対応されており，ほとんど問題はないといわれている。

　第3は，従業員のモラールが低下することである。これを防ぐには，アウトソーシングを決定した早い時期から従業員に十分な情報提供を行なうとともに，理解と意識改革に努める必要がある。これらのデメリットは，ケースに応じて克服策が講じられており，あまり表面化した問題にはなっていない。

2．わが国企業のアウトソーシング

(1) アウトソーシングの現状

　つぎに，わが国企業においてアウトソーシングは，どこまで進展しているのだろうか。

　旧通商産業省生活産業局サービス産業課では，1998年に「アウトソーシング産業の実態分析について」と題する報告をとりまとめた。この調査によれば，回答企業482社の77％に当たる371社が，何らかの形でアウトソーシングを活用していると答えている。この結果を見れば，わが国でも米国並みにアウトソーシングが広く浸透していると思われるかもしれない。しかし，その詳細を検討すると，わが国企業のアウトソーシング活用には，戦略性が不足しているとの感が否めない。図1のアウトソーシング活用の分野を見ると，施設管理，福利厚生，教育・研修のように，自社に残す業務と外部に委託する業務との間の線引きが簡単な分野や，情報システムや物流のように，先行事例が多く存在する分野が非常に多いのが目立っている。

　つまり，わが国では，アウトソーシングの発注側企業は，比較的安心している委託できる分野に利用を限定しているといえよう。さらに，それぞれの業務

図1　アウトソーシング活用の分野

（回答社数）

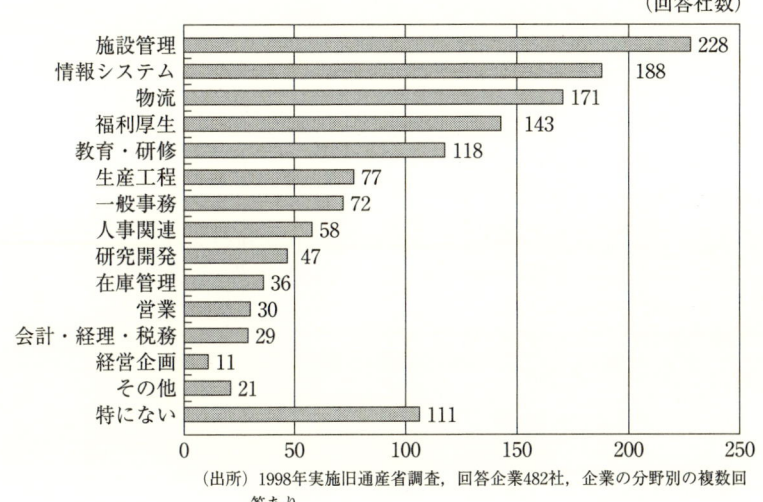

分野	回答社数
施設管理	228
情報システム	188
物流	171
福利厚生	143
教育・研修	118
生産工程	77
一般事務	72
人事関連	58
研究開発	47
在庫管理	36
営業	30
会計・経理・税務	29
経営企画	11
その他	21
特にない	111

（出所）1998年実施旧通産省調査，回答企業482社，企業の分野別の複数回答あり

　分野を見ていくと，たとえば情報システム分野では，開発・設計のようないわば上流工程における利用は少なく，より下流の工程で，業務の線引きが比較的容易なオペレーション業務に絞って利用するケースが多い。

　これに対して，経営企画や研究開発のように，自社のコアビジネスと考えられている分野でのアウトソーシング活用は少ない。また，在庫管理，営業，会計・経理・税務のように，業務横断的な分野では，線引きが困難となるため，やはりアウトソーシング活用は少数にとどまっている。そして，生産工程，一般事務，人事関連といった業務分野については，下請けの活用とか，派遣会社による派遣社員の活用とかで比較的多くなっている。いずれにしても，わが国企業のアウトソーシング活用の現状は，とりあえず外部に任せておける分野に集中した消極的なものである。

　このことは図2のアウトソーシング活用の理由からも見てとれる。多くの企業が，アウトソーシングを活用する理由として，外部専門性の活用を第1にあげ，コスト削減効果を第2にあげ，また，固定費負担の軽減を上位にあげてい

図2 アウトソーシング活用の理由

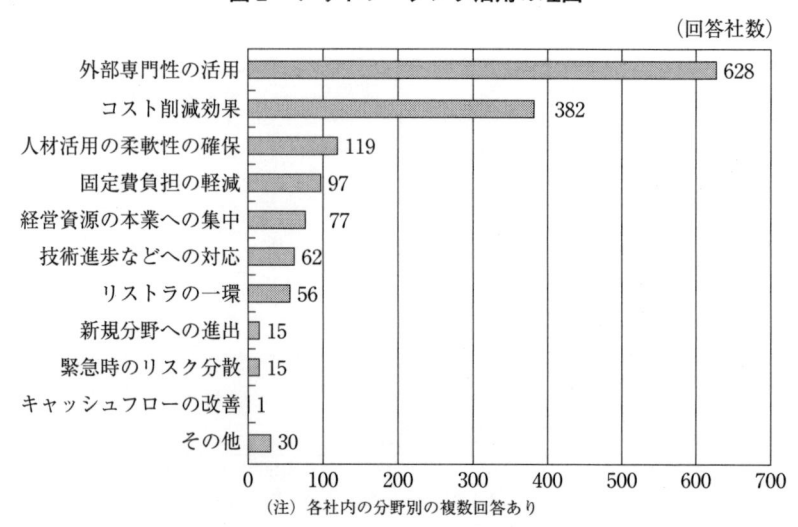

(回答社数)

理由	回答社数
外部専門性の活用	628
コスト削減効果	382
人材活用の柔軟性の確保	119
固定費負担の軽減	97
経営資源の本業への集中	77
技術進歩などへの対応	62
リストラの一環	56
新規分野への進出	15
緊急時のリスク分散	15
キャッシュフローの改善	1
その他	30

(注) 各社内の分野別の複数回答あり

る。その一方で，経営資源の本業への集中，技術進歩などへの対応，新規分野への進出といった理由をあげる企業は驚くほど少ないのである。要するにわが国企業は，経営の革新を目指して積極的にアウトソーシングを活用しているわけでなく，社内コスト削減の一環として，コストがかかり，しかも外部に出しやすい業務分野をアウトソーシングしたに過ぎない。これでは米国のように，アウトソーシング活用により新たな戦略的経営に向かうという発想は生まれない。

わが国企業のアウトソーシングの特徴として，アウトソーシング先に関連会社の割合が大きいことがあげられる[7]。また，アウトソーシング先の決定に際しても，自社との関連性を最重視する企業が非常に多いことがあげられる。しかもその実態は，コスト削減の一環として，ある業務分野を本体から切り離して子会社化し，改めてアウトソーシング契約を結ぶというケースが多い。

三菱商事の「ヒューマンリンク」はその例である[8]。「ヒューマンリンク」は，96年7月に三菱商事が全額出資して設立した，人事機能の一部を分社化した子会社である。主な業務は，三菱商事社員の福利厚生管理，人材採用業務支

援,給与管理,社員研修,出向者管理などで,人事部門のかなりの範囲を手がけている。一方,本社に残った機能は,人事採用方針の決定や人事企画の立案など,経営課題に関わるものだけである。「ヒューマンリンク」は,三菱商事の子会社なので,業務の多くは最大顧客である三菱商事に費やされているが,一方で,これまで総合商社として培ってきたノウハウをもとに,将来的には三菱グループからの受注も可能な体制を目指しているようである。

こうした事例でもわかるように,わが国企業のアウトソーシング活用は,いまだにグループ内での閉鎖的取引の域を脱していないといえる。確かに,規模の利益によってグループ内でのコスト削減効果は期待できるのだが,そこにとどまってしまう危険がある。それどころかグループ企業の固定客に安住してしまって,その分野の専門化,高度化,効率化がなおざりにされ,ひいてはグループ全体の効率化を妨げる可能性さえある。

わが国企業のアウトソーシング活用は,コスト削減中心の段階にとどまっているといわざるを得ない。米国のような,攻めの経営に向かうための戦略的活用の段階には,いまだいたっていないのだ。その上アウトソーシング活用企業の将来の意向を見ても,情報システム,施設管理,福利厚生,物流など,現在すでに活用している分野でのアウトソーシング活用を想定している企業が主流である[9]。まだまだわが国の企業は,外部に出しやすい分野や先行事例が多い分野でしか,アウトソーシング活用を想定できないでいるようだ。

つまりわが国では,業務の企画・設計までを含めたアウトソーシングの活用はあまり見られず,決まった業務を外部の資源で運用する,人材派遣や外注・代行に近い意味での活用である。アウトソーシングを専門業者による人材派遣の延長という認識で活用している限りは,より踏み込んだ形での戦略的なアウトソーシングの展開は到底不可能であり,本業回帰による真の意味における企業活力の復活は望めないであろう。

(2) アウトソーシング活用のメリットと問題点

厳しい国際競争の時代を迎えてわが国では,あらゆる部門や機能を自前で保

有してきたこれまでの企業経営に，見直しの機運が起きている。すべての業務をワンセットでもつという自前主義による組織の肥大化は，長期化する景気低迷のもとでは，人件費の増大圧力として企業に重くのしかかっているのである。このためわが国企業では，自社にとって本当に必要な部門を選別し，そうでない部門は本体から切り離すことが真剣に検討されている。部門を切り離す有効な手法として，アウトソーシングの活用が注目されてきた。そして，アウトソーシング活用の大きな目的が，社内コストの削減であった。この場合のコスト削減とは，単に部門の一部を外に出すことによる社内コストの低減だけを指すのではなく，専門企業へのアウトソーシングによって，これまで技術のフォローアップに要した諸々の費用を軽減することができるという意味でも，大いに期待できるのである。

　現在わが国では，企業活動のさまざまな部門にまでアウトソーシングが広がっているが，ここでは次の3つの部門に対象を絞ることにする。第1は，情報システム部門である。第2は，人事，福利厚生部門である。第3は，物流部門である。これら3つの部門を選んだ理由は，旧通産省の調査にも見られるように，アウトソーシング活用の先進的事例が数多くあることである。まず情報システム部門のアウトソーシングは，海外の事例と同じように，わが国でも比較的歴史がある。すでに70年代から，情報処理業務のアウトソーシングが積極的に行なわれてきた。その主流は，コスト負担の重さから，大型コンピュータ導入が難しい中小企業であった。しかし，90年代になって，大型コンピュータの保有が可能な大企業までが，業務の外部委託を行なうようになった。これは，情報システム部門の技術革新があまりにも急激なために，そのキャッチアップに要するコスト負担に耐えられなくなり，アウトソーシングの活用を高めているためと考えられる。ここでは，コスト削減とともに，外部専門性の有効活用が念頭にある。

　つぎに，人事，福利厚生部門は，企業経営にとっては必要不可欠な分野にもかかわらず，コスト部門とも呼ばれるように直接には利益を生まない。そのため，社内コスト削減の一環として近年特に注目されており，アウトソーシング

の事例が増加している。たとえば福利厚生では，大企業から中小企業まで，アウトソーシングに関心を示している。大企業はこれを第2の給与と位置づけ，これまで自前による充実をはかってきたが，雇用の流動化が進展する中で，アウトソーシングの活用を検討している。一方，中小企業にとっても，これまで手が出せなかった福利厚生が，アウトソーシングにより，低コストで得られる可能性が出てきたのである。

　最後の物流部門は，アウトソーシングという用語が定着する以前から，実質的に活用されてきた分野ともいえる。物流機能は，生産から販売までの各局面で必要が生じ，小売業者や卸売業者，さらに運送業者や倉庫業者など，それぞれ専門業者によって分担されてきた。そしてこれまでは，それぞれが専門機能を担うことで効率化をはかってきた。そこに最近，一括物流という新しい物流システムが登場した。これは，上述のような各局面における物流機能の分担と，個別の効率化からの脱却をねらって，物流機能を一企業に集約し，一元的に物流コストの効率化をはかるもので，今後いっそうの拡大が期待できるシステムである。

　これら3つの部門について，アウトソーシングの活用のメリットと問題点を整理してみる[10]。まず全体的に共通するメリットとして，コスト削減効果があげられる。表1に見るように，大きなコスト削減効果が実証されている。わが国企業がコスト削減を大きな目標としている以上，どのような費用項目がどれだけ削減できるのかを知ることは，今後アウトソーシングを考える企業にとっても非常に有益といえるだろう。つぎに，コスト削減効果以外のメリットと問題点については，それぞれの部門によって異なっており，旧通産省資料によりまとめてみると，表2のようになる。情報システム部門では，メリットとして，外部専門性の有効活用によって，人的余裕が得られ，自社のコアビジネスへ集中できることがあげられる。問題点として，オペレーション業務が主体のため，業務範囲に対するアウトソーサーとクライアントの間の認識ギャップが発生することなどがあげられる。

　つぎに人事，福利厚生部門では，業務の平準化効果や幅広いメニューが提供

表1 アウトソーシングのコスト削減効果

部門	コスト削減効果	対象業務
情報システム部門	13%〜17% 24%〜28%	オペレーション業務 フル・アウトソーシング
人事部門 福利厚生部門	50% 35%〜50%	給与計算業務 会員制福利厚生業務
物流部門	25%〜50% 17%〜43%	棚卸し業務 一括物流

(注) 1998年旧通産省試算
(出所) 村上世彰編『アウトソーシングの時代』日経BP社,1999年,p.25参照

表2 アウトソーシングのメリットと問題点

部門	メリット	問題点
情報システム部門	・コスト削減効果 ・コアビジネスへの集中 ・外部専門性の有効活用	・業務範囲に対するアウトソーサーとクライアントの間の認識ギャップ ・他社との差別化の実現
人事,福利厚生部門	・コスト削減効果 ・業務の平準化効果 ・幅広いメニューの提供 ・サービス面での質の向上	・社内のコンセンサスづくり ・保守的な体質 ・サービス面での不満
物流部門	・コスト削減効果 ・コアビジネスへの集中 ・流通チャンネルの拡大 ・過剰設備の回避	・極端な繁閑格差 ・既存流通秩序 ・商慣行

(注) 1998年旧通産省資料より作成

できるなどがメリットの反面,最大の問題点は,関係部署を含めた社内のコンセンサスが得られるかどうかにある。物流部門では,棚卸し業務については,コアビジネスへの集中ができる反面,極端な繁閑格差の解消が課題である。また,一括物流については,流通チャネルの拡大や過剰設備の回避ができる反面,既存の流通秩序や商慣行などが問題点としてあげられる。

3. アウトソーシングの戦略的活用

(1) アウトソーシングの発展段階

アウトソーシングは,米国で組織のリエンジニアリングの切り札としてはじめられた。米国では80年代前半に情報システム部門ではじまり,80年代後半になると人事・総務などの間接部門における効率化の一環として広まった。これは自前でやるよりも,安くて同じサービスが得られるならば,外部の業者に委託させようという発想にもとづいている。米国において,80年代から盛んになってきたアウトソーシングは,時間とともにその概念を発展させてきた。

米国の経験にもとづき,アウトソーシングの発展段階を整理すると次のような3つの段階になる[11]。第1段階は,コスト削減を中心に短期的利益の追求を目的とした委託方式によるアウトソーシング活用である。次の第2段階では,アウトソーサーのもつ専門性を積極的に活用することで,自社の業務に役立てようと,委託方式から目的の共有化への段階である。最後の第3段階では,新しい機能の取り込みによる価値創造の段階である。段階が進むほど,付加価値の質が高く,より戦略的な関係の強いアウトソーシングになる。

まず第1段階では,クライアント企業の主たる目的が,企業組織の合理化,効率化にあるため,そこから派生するアウトソーシング活用はおのずとコスト削減効果を中心としたものになる。ここには,人事や経理などの人材派遣,ソフトウェアの開発委託,業務の外部委託などが含まれる。わが国における多くの事例は,この段階に分類される。

コスト削減ではじまったアウトソーシングもやがて単に事業所向けのサービスを購入する段階から一歩進んで,アウトソーサーのもつ専門性を積極的に活用することで,自社の業務に役立てようとする動きが現れてくる。このようなケースは,第2段階に分類される。ここでは企業戦略の視野が長期的な利益追求に転換するため,アウトソーサーとクライアントとの間に役割分担の変化が

生ずる。

アウトソーサーからクライアントへ単に決められたサービスを提供していたのが，アウトソーサーの専門性をクライアントが吸収し，新たな業務に活用するようになる。そうなると双方の組織間で，以前よりも緊密な業務の提携関係が構築され，双方とも新しい業務の可能性が生じてくるようになる。このような状態を双方がアウトソーシングし合うという意味で，「コ・ソーシング」と呼ばれる[12]。これは，米国 EDS（Electric Data Systems）社とコンサルタント会社の A. T. カーニーとが共同で，情報システムの計画から運営までの一貫したケイパビリティ（組織能力）を提供するサービスである（コ・ソーシングは EDS 社の登録商標）。

ところが近年，米国の企業は外部企業の活用の仕方をさらに変化させている。企業内部にあった部門や業務を，外部企業からのサービス提供に切り替えることから，情報通信産業やベンチャー企業に見られるように，新規事業に乗り出すに当たって，積極的に外部企業を利用しようという発想への転換である。これがアウトソーシングの第3段階である。

この段階では，経営戦略は，利益追求からさらに進んで，価値創造型となる。この場合，外部企業との間には，単なるサービス提供企業とクライアントという枠を超えて，よりいっそう緊密な戦略的提携関係が構築されることになる。デュポン社はこれを「革新的ソーシング戦略」（Creative Sourcing Alternative）と呼んでいる[13]。アウトソーサーとクライアントは，強い関係を結び，いわゆるウィン・ウィンの関係で同じ目標を目指すのである。現在米国で，企業変革の手段として M&A と並んで注目されているのが，この段階のアウトソーシングである。

革新的ソーシング戦略の遂行には，新しい企業を設立することにより，クライアントは戦略の策定から実行までの広範囲のサービスを受けることができる。新しい企業の設立には，実際に会社を設立する場合と，バーチャルな企業として運営する場合の2つのケースがある。

バーチャルな企業の設立の典型的な例として，JP モルガンのピナクル・ア

ライアンスがある[14]。このバーチャルな企業は，5社で構成されている。データセンターの維持やシステムの運用を行なうCSC社，グローバル・ネットワークを担当するAT&T社，デスクトップ・サービスと呼ばれるオフィス内ネットワークを所管するベル・アトランティック社，そしてアプリケーション・マネジメントを担当するアンダーセン・コンサルティング社が，JPモルガン社と情報技術サービスを提供するバーチャル・コーポレーション[15]を形成している。これによって，JPモルガン社は，必要とする組織能力を直ちに調達できるようになった。また，システム関連経費を固定費から変動費に転換することが可能となった。他の4社についても，長期的なパートナーが確保できるため，これまでとは違ったサービスの提供が可能になり，メリットが多いのである。米国においても，この第3段階は，ようやくその芽を伸ばしはじめたところにすぎないが，21世紀に向けた新しい企業組織を予感させる動きではある。

(2) 戦略的アウトソーシングの特徴

　このように米国では，これまでの請負的アウトソーシングに対して，近年になって戦略的アウトソーシングの台頭が見られるようになった。アウトソーシングの嚆矢といわれるEDS社は，従来の顧客のデータ処理部門を切り離して，効率化をはかることが売り物であったが，現在では「価値指向販売」という言葉を掲げ，顧客に価値を付加させる事業にシフトしつつある。すなわち，事業サービスの範囲を情報システム部門にとどまらず，情報技術とリエンジニアリング手法を用いて，顧客の事業に新しい機能を取り込み，いかに戦略的有効性をもたらすかが目的である。戦略的アウトソーシングは，新規事業進出や事業拡大・縮小などのために行なわれるが，それらは多くの場合，戦略的提携[16]が形成される。戦略的提携は，外部資源の内部化を目的とするアウトソーシングと密接に関わる。そして，アウトソーシングの対象となる外部資源で注目すべきものは知識である。したがって，アウトソーシングについては，アウトソーサーとクライアントとの間で互いに所有する知識の共有化により，いかに戦

略的提携を築いていくかが課題である。

　クライアントがアウトソーサーのどのような経営資源にアプローチするか，あるいは逆にアウトソーサーがクライアントにどうアプローチするかによって，シナジー効果を発揮することができる。このような視点から見ると，人，もの，金，情報といったすべての経営資源を企業内にかかえ込んだ自前主義の企業だけでは限界があり，実現できないような価値創造や知識創造がアウトソーシングを活用することによって期待できることになる。

　ものと情報を中心としたアウトソーシングの典型的な例が，ファブレス企業である。ファブレス企業とは，設計やマーケティングだけを行ない，製造工場をもたずに，製造を外部に委託する製造会社のことである。米国のパソコン・メーカーであるデル・コンピュータ社やゲイトウェイ社はこの方式でパソコンを製造し，成功している。この目的は，生産技術や品質管理などを自社で保有することなく，メーカーとしてのビジネスを可能にすることである。また，設備が不要なので，投資が最小限に抑えられ，景気の変化にも対応しやすいという利点もある。

　戦略的アウトソーシングの特徴を見るために，これまでの請負的アウトソーシングとの比較——情報システム部門のケース——を行なうと，表3のようになる[17]。

　第1に，目的については，請負的アウトソーシングの場合は，コスト削減やスペースの有効活用などの効率性であるのに対し，戦略的アウトソーシングの場合は，新規事業への進出や事業拡大・縮小などの有効性にある。

　第2に，アウトソーサーの対応策としては，請負的アウトソーシングの場合は，システムマネジメントであるのに対して，戦略的アウトソーシングの場合は，プロセスマネジメントであり，組織のリエンジニアリングがその前提となっている。

　第3に，クライアントの対応策としては，請負的な場合は，情報システムの中では，運用機能が中心であり，データセンター志向といえる。一方，戦略的な場合では，繁雑なコンピュータの運用機能は自社で担うに値しないとして，

3. アウトソーシングの戦略的活用   117

表3　アウトソーシングの分類

	請負的アウトソーシング	戦略的アウトソーシング
目　　的	効　率　性 （コスト削減 スペースの有効活用など）	有　効　性 （新規事業進出 事業拡大・縮小など）
アウトソーサーの対応策	システムマネジメント	プロセスマネジメント
クライアントの対応策	データセンター志向	超データセンター志向
費用対効果	算出可能	算出不可能
対象	ハードな資源	ソフトな資源

(出所) 島田達巳編『アウトソーシング戦略』日科技連, 1995年, p.111参照。

より付加価値の高い機能を担うことになる。そこには，データセンターを超越する考え方がある。

　第4に，費用対効果としては，請負的な場合は，その計算は定量的に可能であるに対して，戦略的な場合は，費用はともかくその効果には，戦略的なものの見方・考え方の浸透といった定性的な要素が入っているために算出が困難である。

　第5に，アウトソーシングの対象については，請負的な場合は，技術や設備など企業間を移動しやすいハードな資源であるのに対して，戦略的な場合は，風土や文化など企業間を移動しにくいソフトな資源である。

　ただ単に，業務の実行やシステムの運用を外部に委託するだけでなく，このように企業や設計，システム構築といったより上流の戦略的部分にまで米国では，外部委託が進みつつある。業務を受託した企業は，当該業務についての豊富な知識と経験をもっている。また実施や運用を通じて，新たなノウハウやスキルを獲得する。それらを通じて，単なる請負的アウトソーシングから脱して，業務プロセスに対する改革や改良の提案をするようになる。さらに，業務委託の総合化や一括化が，同時に戦略的アウトソーシングをうながしているという側面がある。特に，業務全体に関わるリエンジニアリングやシステムインテグレーションは，必然的に業務プロセス全体の企画・設計・構築をともなうこと

になる。そして、パートナーシップを組む企業は、協力と協働のプロセスを通じて、相互に学習する関係を創り上げているのである。

おわりに

わが国企業は現在、厳しい経営環境にさらされている。そして、日本的経営や雇用関係を根本から見直す必要に迫られている。このような状況下では、企業は自社の強みは何なのかを客観的に見直して、その強い部分に経営資源を集中的に投下し、戦略的な企業経営を進めることが必要である。アウトソーシングに注目が集まっているのは、戦略的経営の一環として、業務プロセスを活性化し、競争力のある企業体質を作り上げる強力な武器となるからである。アウトソーシングの導入にはいくつか注意すべき点がある。

1つは、アウトソーシングは個別性の高い手法であることである。自社業務の徹底的な洗い出しを行ない、コアビジネスは何で、アウトソーシングしてもよい業務は何かを明確に見極めることが大切である。そして、アウトソーシングによって何を期待するか、目標をはっきりさせることが必要である。むやみにアウトソーシングすれば、企業がもつ本来の力を失う危険性さえある。

もう1つは、アウトソーシングは魔法の杖でないことである。アウトソーシングしたからといって、業務の効率化やコスト削減が自然と実現するわけではない。場合によっては、アウトソーシングしないほうが効率的なケースもあるし、一時的にコストアップするケースもある。ただし条件さえそろえば、大きなメリットを生み出す手段となる。

わが国では、戦略的アウトソーシングの本格的な展開は、残念ながらまだ見られていないが、近い将来、そんな戦略的アウトソーシングの成功例が次々と登場することを期待したいものである。

（1）島田達巳編『アウトソーシング戦略』日科技連出版社、1995年、p. 3参照。
（2）島田達巳編、同上書、p. 10～11参照。

注　119

（3）これに関しては，G. ハメル&C. K. プラハラード著，一條和生訳『コア・コンピタンス経営』日本経済新聞社，1995年参照。
（4）これに関しては，榊原清則『企業ドメインの戦略』中公新書，1992年参照。
（5）牧野　昇『図解アウトソーシング早わかり』PHP研究所，1998年，p. 98参照。
（6）牧野　昇，同上書，p. 110参照。
（7）村上世彰編『アウトソーシングの時代』日経BP社，1999年，p. 12参照。
（8）牧野　昇・武藤泰明共著『牧野昇のアウトソーシング経営革命』経済界，1998年，p. 218参照。
（9）村上世彰編，前掲書，p. 13参照。
（10）村上世彰編，前掲書，第2章参照。
（11）アンダーセン・コンサルティング編『図解戦略アウトソーシング』東洋経済新報社，1998年，p. 48参照
（12）ハーバード・ビジネス編集部編『アウトソーシングの実践と組織進化』ダイヤモンド社，1996年，p. 12参照。
（13）日本能率協会編『アウトソーシングがわかる本』日本能率協会マネジメントセンター，1998年，p. 53参照。
（14）アンダーセン・コンサルティング編『図解戦略アウトソーシング』東洋経済新報社，1998年，p. 53参照
（15）これに関しては，W. ダビドゥ&M. マローン著，牧野　昇監訳『バーチャル・コーポレーション』徳間書店，1993年参照。
（16）これに関しては，奥村昭博「戦略提携―その戦略，組織，マネジメント―」慶應経営論集，第9巻1号，1991年参照。
（17）島田達巳編『アウトソーシング戦略』日科技連出版社，1995年，p. 111参照。

第7章　サプライチェーン・マネジメントの生成

はじめに

　わが国の産業界では現在，米国で広まったサプライチェーン・マネジメント（SCM）が大きなブームとなっており，各企業とも真剣に取り組みはじめている。これは，製造と流通が，販売情報や在庫情報，販売予測情報などを互いに共有し，原料の調達から生産，販売，物流を一体化，同期化することで，ものの流れの迅速化と効率化をはかり，全体最適の実現によって経営効率の大幅な向上をねらうものである。サプライチェーンによりものの流れを円滑にすることで在庫の削減，欠品の防止，適時な納入を，低コストで実現しようとするこの試みは企業経営にとって確かに重要なテーマであるが，そのためにはこれまでの商慣行や組織間・企業間の壁を崩壊させるなど，大きな企業変革が不可欠となる。

　また，現在のわが国企業を取り巻く環境はグローバル化や金融や流通の規制緩和など，経済の枠組みが大きく変化しており，ものの価値が転換している中で，各企業ともコストの低減だけでは生き残れない時代となっている。こうした状況の中で企業が生き残っていくためには，経営のスピード化やスリム化など，抜本的な経営システムの変革が急務である。そこで従来の企業中心のプッシュ型志向から，顧客中心のプル型志向へと変換せざるを得ず，顧客ニーズに合った商品を，適正な価格で，必要な時期に，必要な数量だけ，必要な場所に納品することで在庫を削減し，また欠品を防止するなどのサービス向上と，キャッシュフロー効率の最大化をお客様満足度を高めながら実現することが，競争力強化の決め手になっている。ここではこうしたサプライチェーン・マネジメントの生成[1]の経緯について検討してみる。

1．サプライチェーン・マネジメントの発展プロセス

(1) ロジスティクスからの発展：QRからECRへ

　流通のインフラとしての物流は，中小企業が多く，なかなか近代化の波に乗れなかったのが実情であるが，1970年代以降，流通業の変化によって物流の効率化が望まれるようになった。物流の効率化は，その前後の作業工程の制約が大きく，企業の中の一部門である物流の改善で片づく問題ではなかった。部品調達から生産・販売にいたる総合的な取り組みが必要となってきた。それがロジスティクスというコンセプトになったのである。

　ロジスティクスとは，もともと戦争での物資の補給活動を意味する言葉であるが，流通においては，保管，輸送，荷役，包装の4機能に，原材料の調達，生産，販売までを加えて統合化した機能として定義されている。物流の機能を企業全体の活動にまで広げて考えるようになった背景には，第1に，供給過剰のもの余りの時代に入ったことがある。ものを作れば売れた時代から，売れるものを作る時代への移り変わりである。メーカーが主導権を握っていた時代から，小売業者の力が増してきた時代に入っていった。第2に，情報技術の発達がある。特に，ネットワークの活用によって，遠隔地との情報伝達が容易になったことで，遠くの倉庫とか配送中の車などとの情報交換ができるようになった。これは単なる効率化という以上の意味があり，仕事のスピード化と競争力の強化をもたらした。

　このような変革の時代を支えたのが，製販同盟，すなわちメーカーと小売業者のパートナーシップである。この新しい企業間関係のはじまりは，1つの報告書であった。輸入衣料品に脅威を感じた米国のアパレル業界団体が，国内企業の競争力を強化するための現状分析と方策を著名なコンサルタント会社であるカート・サーモン社に依頼した。その結果，1985年にカート・サーモン社が提出した報告書は業界に衝撃を与え，アパレル業界におけるクイック・レスポ

1. サプライチェーン・マネジメントの発展プロセス　123

ンス（QR）活動に発展していった。

　クイック・レスポンスが，従来の生産・販売方法と大きく異なる点は，メーカー主導のプッシュ型から顧客主導のプル型への転換ということである。プッシュ型では，メーカーが自らの情報と判断にもとづいて需要を予測し，生産計画を立てる。そして，その生産計画に従って生産が行なわれ，完成した製品が市場に「押し出されて」くる。この方式では生産が平準化され工場での生産効率は上がることになる。したがって，供給過剰のもの余りの時代に入るまではそれでよかった。

　しかし，もの余りの時代に入り，顧客の要求が多様化し，要求の変化が激しくなってくると，製品を押し出すことに無理が生じてくる。プル型では，顧客による商品の購買がすべての出発点となる。したがって需要予測の原点はあくまで市場であり，生産計画は需要の変動にもとづいてきめ細かく調整される。商品の購買情報という市場のレスポンスをすばやくサプライチェーン内における在庫管理，生産管理，調達管理に反映することによって，顧客にとって付加価値を生まないコストや時間を取り去り，顧客が求める商品をいち早く提供しようというのである。プッシュ型からプル型への転換は，プロダクト・アウトからマーケット・インへの転換にも相通じるものがある。

　1990年代に入り，米国のスーパーマーケットなどの食品小売業では，低価格を武器として急成長するディスカウントストアに対する危機感が高まっていた。そこで米国食品マーケティング協会（FMI）などの団体が，加工食品業界においてこれからの新しい業態の企業に対抗可能な方策を作り出すことを目的に，カート・サーモン社に協力を依頼した。その調査報告書を受けて，FMIが1993年5月に発表したのが，「効率的消費者対応（Efficient Consumer Response；ECR）」というレポートである。

　このECRレポートでは，ECRの目指す変革領域として，第1に品揃えにおける効率化ができる，第2に補充活動の効率化ができる，第3に販売促進活動の効率化ができる，第4に新製品開発の効率化ができる，の4点をあげている[2]。その考え方の原点は，当時大きな効果をあげていたクイック・レスポン

図1　サプライチェーン・マネジメントの発展プロセス

	物流	ロジスティクス	サプライチェーン・マネジメント
時期（日本）	1980年代中頃以前	1980年代中頃より	1990年代後半より
対象	輸送，保管，包装，荷役	生産，物流，販売	サプライヤー，メーカー，卸売業者，小売業者，顧客
管理の範囲	物流機能・コスト	価格連鎖の管理	サプライチェーン全体の管理
目的	物流部門内の効率化	社内の流通効率化	サプライチェーン全体の効率化
改善の視点	短期	短期・中期	中期・長期
手段・ツール	物流部門内システム　機械化，自動化	企業内情報システム　POS，VAN，EDIなど	パートナーシップ，ERP，SCMソフト，企業間情報システム
テーマ	効率化（専門化，分業化）	コスト＋サービス　多品種，少量，多頻度，定時物流	サプライチェーンの最適化　消費者の視点からの価値　情報技術の活用

　POS（Point of Sales）：販売時点情報管理
　VAN（Value Added Network）：付加価値通信網
　EDI（Electronic Data Interchange）：電子データ交換
　ERP（Enterprise Resource Planning）：統合業務システム
　SCMソフト（Supply Chain Management Software）
（出所）SCM研究会『図解サプライチェーン・マネジメント』日本実業出版社，1999年，p. 15参照。

スにある。QR，ECRはいずれも，「納入業者委託自動補充システム」と意訳され，その意味するところはメーカー，卸売業者，小売業者の戦略的同盟（パートナーシップと呼ばれる）により，情報と商品の流れを効率化し，トータルコストの削減をはかり，真に顧客本位の価格サービスと商品供給を目指す戦略のことである。サプライチェーン内の企業が協力し合い，迅速かつ正確な情報を流せば，最終顧客の満足度を高めることができるという考え方である。このようなQR，ECRの成果を踏まえ，サプライチェーン・マネジメントが登場した（図1参照）。

(2) 生産管理からの発展:MRP から ERP へ

　製造業が厳しい競争に生き残っていくためには,より良い生産計画の立案とその確実な実行の方法を常に模索し続けていかなければならない。良い生産計画とは「必要なものを必要な時に,確実にしかもムダなく作れる」基準生産計画である。工場で使われる数多くの種類の原料や部品を,まちがいなく調達するのは労力のいる作業である。この購買計画のために1960年代に登場したのが,MRP (Material Requirements Planning:資材所要量計画)[3] である。

　MRP では,ある製品を作るのに必要な部品の種類と数量を,「部品表」をもとに順次計算していく。たとえば,製品 A を 1 個作るのに,部品 X が 2 個,部品 Y が 3 個必要とすると,製品 A を 5 個作るには,部品 X を10個,部品 Y を15個準備しなければならない。さらに部品 X を10個作るには,部品 Z が10個,部品 W が30個必要というようにして,製品 A を 5 個作るために必要な部品を計算していくのである。また,組立てや調達に必要な標準的な日数から,それぞれの部品をいつまでに揃えないといけないかを計算する。つぎに,各部品の在庫数量を調べて,在庫がなければ,新たに調達しなければならない。購買担当者はこの計算をもとに必要な部品を発注していくのである。

　MRP が登場する以前は,実際に消費した部品の量で調達を行なう在庫管理を主体とした調達方式が一般的であった。それに対し MRP は,部品の在庫や手配中の数量も考慮した上で,正味の所要量だけを生産計画を立案する段階で調達できる点が大きな特徴となっている。MRP の計算量は,原料・部品・製品の数が増えると指数的に増大してしまうので,コンピュータの性能向上とあいまって広まっていった。

　MRP のコンセプトは1970年代の半ばに固まり,それからいくつかの発展形態が現れた。代表的なものが,CRP (Capacity Requirements Planning:能力資源計画)[4] である。CRP は,MRP の考え方を設備や要員の計画に拡張したものである。まず部品を計算するのと同じ方法で,月・週・日などの単位時間ごとに必要な設備と要員を積み上げる。これを負荷の「山積み」という。もし,一

時的に能力が不足した場合には，生産計画の一部を前後にずらして負荷の調整を行なう。これを「山崩し」という。それでも生産能力が足りない時には，残業や設備・要員の増強などの対策が必要となる。

　実際にはMRPとCRPを組み合わせることによって，生産能力を考慮した生産計画が立案されるようになったのである。つまり販売計画や受注などをもとに作成した「基準生産計画」に対して，まずMRPを実行し，資材調達に問題がなければ，次にCRPを実行する。その結果，生産能力に問題がなければ生産計画を完成する。しかし，生産能力の調整，つまり「山崩し」が必要な場合は，その結果をうけてもう一度MRPを実行して，資材調達に問題のないことをチェックすることになる。

　こうした修正と再計算のループをもったMRPを，「クローズドMRP」という。1980年代の後半になると，この「クローズドMRP」は，資金計画，要員計画，購買計画といった他の経営資源計画をも統合して，MRP IIと呼ばれるようになった。この場合MRPは，Manufacturing Resource Planning，つまり「製造資源計画」を意味する[5]。

　MRP IIの出発点になるのが，トップマネジメントに直結した販売・事業計画であり，販売部門と生産部門が調整して立案する「基準生産計画」とは異なっている。それゆえMRP IIは単なる生産計画を超えて，事業全体を統合的に計画していこうとするものである（図2参照）。この考え方は1990年代のERP (Enterprise Resource Planning：企業資源計画)[6]に引き継がれていくことになる。ERPとは，企業全体の経営資源を一元的に管理することによって，業務のムダを省いて経営資源の効率的な活用をはかろうとするものである。具体的には，購買・生産・販売・流通・会計といった企業の基幹業務を統合した情報システムを指す。当然ながらERPは大規模なシステムとなり，それぞれの企業が自社の営業内容に合わせて独自仕様のERPを構築しようとすると，長い期間と莫大な投資が必要となる。そこで登場したのがERPパッケージである。ERPパッケージには，標準的な業務機能がすでに作り込まれており，各企業はこの中から必要な機能を選択することで，システムを構築することができる。

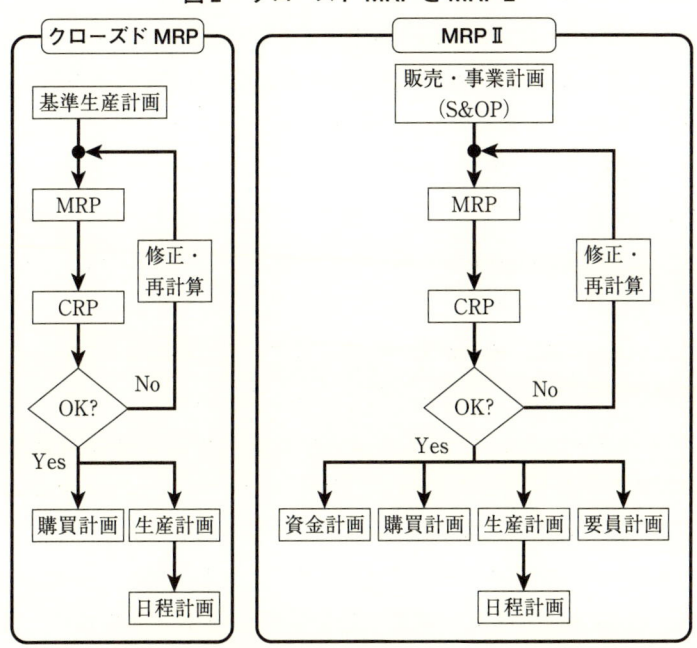

図2 クローズドMRPとMRPⅡ

```
クローズドMRP
基準生産計画
    ↓
   MRP ←──┐
    ↓     │
   CRP   修正・
    ↓    再計算
   OK? ──No→
    │Yes
    ↓
 購買計画 生産計画
           ↓
         日程計画
```

```
MRPⅡ
販売・事業計画
  (S&OP)
    ↓
   MRP ←──┐
    ↓     │
   CRP   修正・
    ↓    再計算
   OK? ──No→
    │Yes
    ↓
資金計画 購買計画 生産計画 要員計画
                    ↓
                  日程計画
```

(出所) SCM研究会著『図解サプライチェーン・マネジメント』日本実業出版社, 1999年, p.111参照

　ERPパッケージは，ベストプラクティスと呼ばれる先進企業の業務プロセスを基に構築されているので，ERPパッケージを導入する企業は，それ以前に業務プロセスの改革をしておくことが条件になっている。この業務プロセス改革の良否が，ERPを成功に導く最大のポイントとなっている。

2．サプライチェーン・マネジメントの基本コンセプト

（1）サプライチェーンの3つの流れ[7]

　サプライチェーンは，英語であるがそのまま日本語に訳して「供給連鎖」と呼ばれることがある。一般に商品が消費者に供給されるまでには，サプライヤ

一，メーカー，卸売業者，小売業者，消費者といった企業や人々が関係している。こうした商品供給に関わる関係者のつながりのことを「サプライチェーン」という。サプライチェーンは，商品が消費者に届くまでの「利害関係者の連鎖」であると同時に，「業務の流れの連鎖」としてとらえることが大切である。

つまり，調達，生産，配送，販売という一連の業務の流れを経て，商品が顧客の手に渡るからである。どちらの連鎖においても，個々の要素を個別にとらえるのではなく，そのつながりを統合して一体的にとらえるのが，サプライチェーン・マネジメントの特徴である。

サプライチェーンは，視点が変われば，別の名前で呼ばれることもある。たとえば業務の連鎖において，商品の価値が徐々に付加されていくことから「価値連鎖（Value Chain）[8]」と呼ばれることがある。また，消費者の需要を満たすための業務の連鎖という視点から「デマンドチェーン（Demand Chain）[9]」という言葉が使われることもある。いずれにしても商品が消費者に届くまでの関係者や業務のつながりのことをサプライチェーンというが，サプライチェーン上では，商品の流れの他に，情報やお金の3つの流れが発生している。

第1の商品の流れは，製造されてから消費者に購入されるまでのプロセスであり，サプライヤーから，メーカー，卸売業者，小売業者を経て消費者へと，サプライチェーンの上流から下流に向かって流れている。この流れは，一般に物流と呼ばれている。

第2の情報の流れは，商品の流れにともなってサプライチェーン上の関係者の間では，仕入れや販売といったさまざまな商取引が行なわれている。商取引では取り扱う商品の種類や個数，価格などの取引の情報が交換されている。たとえば，小売業者はこのような取引情報を使って商品の発注をし，納品されてきた商品の検品を行なう。また，取引情報の他に売れ筋等商品の需要動向に関する情報が交換されている。これらの流れは，商流または情報流と呼ばれている。

第3の流れは，売買という商取引はお金の受け渡しをともなうことから，サプライチェーンでは，金流と呼ばれるお金の流れも考えることになる。売買は

2. サプライチェーン・マネジメントの基本コンセプト

売り手が自己の所有する特定の商品をお金と引き換えに買い手に譲り渡す行為である。それは商品に対する所有権の移転プロセスであり、売買の連鎖を通じて所有権が次々と移転することで、サプライチェーンが達成される。

サプライチェーンには、調達、生産、配送、販売という一連の業務の連鎖があるが、このベースとなっているのが、ものの流れすなわち第1の商品の流れである。もともと輸送・保管・包装・荷役が中心であった物流の業務は、企業内の関連する業務の効率化を取り込んだロジスティクスへ、そしてさらには自社にとどまらず供給連鎖の関係者を巻き込んで、サプライチェーン・マネジメントへと発展してきた。その背景には1980年代から90年代への経済環境変化がある。それは「作れば売れた時代」から「売れるものを作る時代」への移り変わりである。

企業は商品が多品種少量生産化される中で、物流のコスト低減と多頻度配送などの物流サービスの向上という二律背反の命題に取り組む必要がでてきた。このため物流部門の改善だけでは限界があり、社内の生産部門や販売部門との連携が必要となってきた。そこで連携をはかるための情報システム部門が強化され、高度な配送センターと連携した情報システムが構築されていった。このように業務の効率化を考える視点が、物流業務だけではなく、周辺の関連業務にも広がってきたのである。たとえば、情報システムを活用して、生産・在庫・販売業務の情報を共有し、事務作業の効率化を高めるとか、また売れ筋商品の情報を生産・物流活動に活かすといった試みが行なわれるようになった。

ロジスティクスでは、社内の供給連鎖業務をより広い視点からとらえ、商品と情報の流れである物流と商流を合わせた効率化が考えられている。さらに、サプライチェーン・マネジメントでは、社内だけでなく、社外も含めて業務の効率化や最適化が考えられている。業務の効率化や最適化の範囲は、当初の物流部門から企業内へ、近年の企業内からサプライチェーン全体へ、すなわち部分から全体へと拡大してきている。またサプライチェーンでは、全体が最も効率よく機能するならば、特定の部門の業務効率は少しくらい犠牲になってもかまわないという考え方をとる。つまり部分最適ではなく、全体最適を重視する

考え方である。特に，商品，情報，お金という3つの流れを考慮すれば，サプライチェーンの業務は，その3つの流れの業務に関連して，すべての業務に広がっていることがわかる。

商取引にともなって発生する業務の効率を高めながら，よりお客様にも喜んでもらうために，どの商品をいつ，どれだけ作り，どこに，どれだけ運ぶのが良いのか，またどのような情報を収集し，活用していけば作業の効率が改善できるのか。業務の効率化や最適化を考える際には，この3つの流れを検討することが必要である。

(2) サプライチェーン・マネジメントの3つの特徴[10]

ロジスティクスでは社内の流通効率化が目的であったが，サプライチェーン・マネジメントではサプライチェーン全体の効率化が目的である。サプライチェーン・マネジメントには，「業務の流れの連鎖」と「利害関係者の連鎖」がある。どちらの連鎖においても，個々の要素を個別にとらえるのではなく，そのつながりを統合的にとらえて，全体最適を目指すことが，サプライチェーン・マネジメントの第1番目の特徴である。サプライチェーンにおいては，調達，生産，配送，販売という一連の業務の流れをすべて供給の働きと考える。すなわち，生産や販売はチェーンの中の要素に当たる。チェーンの輪をつなぐものとして，ものの流れ，情報の流れ，お金の流れがある。そしてチェーンの輪を切るものが部門の壁や企業の壁などである。

チェーンには一般に3つの性質がある。第1は，需要変動の増幅伝播である。需要の小さな変動が増幅されて，大きな変動として下流から上流に伝播されていく性質である[11]。第2は，個々のチェーンの輪が自由度をもっていて別々の尺度で動くということである。第3は，チェーンにはどこかに制約条件が存在し，それがチェーン全体の強さを決める。チェーンの制約条件は目標との関係から決まってくるので，目標を見誤ると制約条件を正確に把握することはできない。

チェーンの全体最適を目指すには正しい目標設定と制約条件の認識[12]が必

要である。生産原価の低減など個別の部門目標は一人歩きさせずに，チェーン全体のスループット（売上高－変動費）の最大化と運転資金の最小化を同時に達成し，キャッシュフローの効率を最大化することが全体の目標である。

サプライチェーン・マネジメントの第2番目の特徴は，部門間・企業間のパートナーシップの構築である。サプライチェーンを統合して全体最適を目指すためには，部門の壁や企業の壁を克服して，サプライチェーンの業務を行なう関係者がともに利益を得るために協力し合うことが必要である。

パートナーシップは対等な企業間の関係である。戦略的同盟としてのパートナーシップにより，たとえば購買と営業という企業がお互いに全体システムの最適化に取り組むことで，ともに利益が得られる方向に転換する。まさに取引から取り組みへの変革である。またパートナーシップで重要なのは，トップマネジメント間の絶対的な信頼関係へのコミットメントである。サプライチェーン・マネジメントでは，たとえば小売業のPOS（販売時点情報管理）情報や在庫情報などの公開が必要である。それゆえにお互いに相互企業を信頼し合う関係が欠かせない。そして，お互いの情報を交換し合って，生産，販売，情報システム，物流，経理など多くの関連部門が協力しながら，全体的な視点から業務の効率化に取り組んでいく。

またパートナーシップのもとでは，新しい負担やリスクの関係が生まれるので，リスクを公平に分配する仕組みを確立することが必要である。そして実際にわが国でも花王とジャスコの製販同盟のように，両者が情報と知恵をもち寄り，全体を見渡して正しい方向で業務を変革すれば，大きな利益を生み出すことが，実績として示されている。そうしたサプライチェーンの効率化は，ムダの多かった在庫と商品の滞留時間を減らし，その分より安い価格で商品を消費者に提供することに結びつくのである。このようにパートナーシップの関係は，当該企業の他に消費者に対してもメリットを提供するのである。

サプライチェーン・マネジメントの第3番目の特徴は，顧客（消費者）の視点からサプライチェーンを改善するということである。サプライチェーン全体を1つのシステムとしてとらえれば，その先にあるのは顧客（消費者）であり，

社会である。サプライチェーン・マネジメントでは，顧客や社会を起点に活動を進めていく。現在は消費者の嗜好が多様化して，しかも製品サイクルが早いスピードで変化している。

　一方では，社会が成熟して成長は鈍化しているため，供給過剰の時代になっている。商品が少量多品種化する中で，売れるものは集中して売れる傾向にある。その時々に応じた売れる商品を作らなければ，そのまま売れ残ってしまう。

　そうした時代の変化をうけて，企業における業務のあり方や考え方も変化している。在庫やリードタイムを短縮することが重要な指標になり，キャッシュフローを大切にする経営が求められている。サプライチェーン上の関係企業にとっても，判断基準を顧客（消費者）に置く経営の重要性が高まっている。従来は生産者中心の考え方で，作る立場に立って生産した製品やサービスを市場に押し込んでいくプロダクト・アウトがとられていた。それでは市場の変化のスピードについていけず，サプライチェーン・マネジメントでは，顧客（消費者）に満足を与え[13]，しかも社会から受け入れられる製品やサービスを生産し，販売するマーケット・インへと変化してきた。そして購買情報と関係企業内の情報を有効に活用して在庫とリードタイムを減らして企業と顧客（消費者）の時間的な距離を縮めるとともに，顧客（消費者）へのサービスを高める商品の企画や販売促進など，新しい付加価値の創出にも努めている。

3．サプライチェーン・マネジメントを支える情報技術

（1）企業間の情報通信技術

　サプライチェーン・マネジメントを効率的に運用するためには，需要情報や在庫情報などをサプライチェーンに迅速に流して，情報を共有することが必要である。このため，情報を電子化し，通信により交換できる仕組みが必要である。この仕組みはEDI（電子データ交換）と呼ばれる。旧通産省の電子機械相互運用環境整備委員会では，EDIを「異なる組織間で取引のためのメッセー

3. サプライチェーン・マネジメントを支える情報技術　133

ジを，通信回線を介して標準的な規約を用いてコンピュータ間で交換すること」と定義している。EDI は標準プロトコルによりデータを交換するオープンな仕組みであり，サプライチェーン・マネジメントの考え方に一致している。

EDI 活用[14]の第1の効果は，取引関係にある企業間で日常やりとりされる発注・納品伝票，請求伝票などをすべて廃止して，ペーパーレスを実現できることである。

第2の効果は，EDI が時間を大幅に短縮してくれることである。小売業からの発注がメーカーや卸売業の受注にいたるまでの一連の処理が，従来のように人手や伝票を介さずに EDI を使って自動的に行なわれれば，そのスピードアップがはかられた分だけ当該商品の納期を短縮でき，結果として店頭在庫を少なくし，コストの削減につながった。

第3の効果は，EDI によってサプライチェーン上のすべての関係者が同じ情報を共有することができ，これにより従来はまったく入手不可能であった情報を実際に手に入れることができるようになる。メーカーとしてはそれを新しい商品企画のアイデアに反映させたり，より適切な製造・在庫計画の立案に活用するなど，消費者にとっていろいろな付加価値を与える戦略に利用できるのである。

このように EDI を利用すれば，スピーディに情報交換できるだけでなく，同時にサプライチェーンの各企業の情報が電子データで蓄積されるので，情報を共有することができる。すなわち EDI は情報の流れと蓄積の両面でサプライチェーン・マネジメントの基盤技術であるといえる。

初期の EDI は，ペーパーレス化による情報交換のスピードアップとコスト削減を目的とし，個別企業間の電子データの交換としてはじまった。またデータ交換のプロトコルが標準化されていなかったために，相手企業の数だけプログラムが必要であった。その後，日本チェーンストア協会が1980年に JCA 手順という業界手順を作成して以来，それぞれの業界で独自の業界手順が作成された。また EDI 自体の標準化も図3のように進み，1980年代の後半には国を越えてデータが交換できるように，国連・商業運輸標準電子データ交換

図3　EDI（電子データ交換）の3つの標準の比較

	固定長	EDI FACT	CII
標準化の主体	日本の流通業	国連国際商取引法委員会	日本情報処理開発協会・産業情報化推進センター
データ表現形式	データの先頭からの項目の順序を固定	データをセグメントに分け、そのタグからの項目の順序等で規定	データ中のタグをコード表を対比して規定，データ項目の順序は自由
データの長さと定義方法	固定長であり，最初から各データの長さを規定	可変長であり，項目間をデータ・セパレータで分割	可変長であり，データ項目ごとにそのレングス・タグで長さを規定

（出所）岩島嗣吉・山本庸幸共著『コンシューマーレスポンス革命』ダイヤモンド社，1996年，p. 109 参照

（EDIFACT）が制定された。

　これに対し，国内では，日本情報処理開発協会・産業情報化推進センター標準通信手順（CII）が使用されており，EDIFACTと統一すべく検討されている。業界や国を超えて，EDIの標準化がさらに進んでいくことが予想される。しかし，このようなEDIは，コストと技術の面で問題があったため，特に中小企業などにはあまり普及はしかった。それはこれまでは，EDIの通信基盤としてVAN（Value Added Network：付加価値通信網）が使われていたが，VANはNTTなどの専用回線にコード変換などの付加価値をつけたネットワークであり，専用のハードウェアとソフトウェアを使う。このため，設備投資と運用コストが高くつき，さらに管理方法が異なるため技術的な負担も大きかった。

　この問題の解決策として，インターネットEDIが注目されている。インターネットはパソコンやLAN（Local Area Network：構内情報通信網）構築用の機器を使うので，VANに比べて設備投資額は低くてすむ。また，インターネットを利用するので，通信費用も安くすむ。さらに，技術面でも，インターネットはデータ交換のプロトコルが決まっており，VANのような専用ソフトウェアが不要なので，使いやすいというメリットがある。

　このようにインターネットEDIはVANをベースにした従来のEDIに比べ

て，コストと技術の点ではるかに導入しやすいのである．さらに，インターネット EDI では新たなアプリケーションを提供できるというメリットがある．たとえばワールド・ワイド・ウェッブ（WWW）を使えば，画像を含んだ商品データベースを表示でき，ユーザーはそれを利用してリアルタイムに商品の受発注や在庫照会をすることが可能である．しかし，インターネット EDI では，情報通信にインターネットを利用するため，流れる情報が他人に見られたり改ざんされたりするリスクがある．また，インターネットに接続された企業内のネットワークが不正アクセスにより外部からハッキングされるリスクも発生する．これらのリスクに対応するため，インターネット EDI では，暗号化技術をはじめさまざまな技術でセキュリティを守っていくことが重要になっている．

(2) 顧客情報の活用技術

サプライチェーン・マネジメントを支える情報技術の中でも重要なのが，POS（販売時点情報管理）システムによる顧客情報の活用技術である．メーカーの基本的な役割は，顧客ニーズを把握して，新たな生活提案をすることにあるといわれている．そのため，新しい機能をもつ製品を販売し，広告宣伝し，流通させることが必要である．

顧客ニーズを把握するために必要なデータの1つが購買情報である．市場で今現在何が売れているか，どのような変化が起きているのかを迅速に把握するために顧客の購買情報が活用される．POS システムの出現は，このデータ収集を一気に容易にしたのである．

POS システムの効果としては，まず第1に，販売する商品の単品別売上情報の収集ができる．それとともに，仕入れ，返品，店頭移動，客返品などについての単品情報を収集する仕組みを併せて構築しておけば，在庫削減や値下げロスの削減など経営効率の向上につながる．

第2に，商品コードが自動的にスキャンニングされるので，レジにおける店員の商品コードなどの打ち込みミスもなくなる，ことが指摘できる．

メーカーは，小売店頭から POS データをネットワークを通じて集計し，コ

ンピュータ処理すれば正確でかつ迅速に消費者の購買情報が得られると同時に，生産，在庫，配送などの数量計画の立案にも活用することで，品切れを防いだり，在庫も減少し，在庫ロスも少なくなり，経営効率が向上している。

顧客ニーズには，小売店頭における購買データを見ればわかる顕在ニーズと，購買行動には現れない心理的な欲求である潜在ニーズとがある。この潜在ニーズを調査するには，アンケート調査などに頼る必要があるが，最近ではPOSデータと組み合わせて，顧客データを活用することが一般化してきた。POSデータは，商品ごとの販売データであり，売れた商品の数量，価格，時間という情報は得られるが，誰がなぜ購入したかという情報はとれない。そこで，POSデータを取ると同時にレジで個人のコードを入力し，誰が買ったかがわかるデータとする。これにはポイントを蓄積する「買い物カード」や支払い手段を多様化する「クレジットカード」などが個人コードを入力するのに使われる。これによって個人の特性がわかる売上データが得られデータベースとして蓄積することによって，マーケティング戦略の検証が可能になる。たとえば，新製品のコンセプトが消費者に受け入れられたのか，広告宣伝の結果がどのように販売に影響したのかなど，マーケティング戦略の一つ一つについてPOSデータと顧客データにより，短いサイクルで市場からの反応を確かめることができるのである。

このような顧客情報の活用技術を基盤として，サプライチェーンを支える情報システムを構築するためには，次の5つのステップを踏むことが必要である[15]。

第1のステップは，サプライチェーンの範囲の特定と対象となる製品特性の見極めである。これは，たとえば多品種少量生産および需要予測が容易かどうか，といった特徴を分析することである。

第2のステップでは，第1ステップで決定したサプライチェーンの範囲と製品特性にもとづいて，サプライチェーン・マネジメント手法の立案，問題発生個所の分析，改善点の洗い出し，改善効果の分析などを行なう。たとえば，需要の変動幅が小さい製品の場合は，需要予測の精度を向上させて，確実に品切

れを起こすことなく，供給し続けるための仕組み作りが重要である。

　第3のステップでは，第2ステップで確立したサプライチェーン・マネジメント手法を実現するために必要な機能を洗い出し，その機能に最適なシステムコンポーネントを選択する。まず，市販のアプリケーションの適応を行なって，機能的に不足する部分を洗い出すのである。

　第4のステップでは，第3ステップの結果を受けて，実際にアプリケーションの導入と独自部分の開発を行なう。

　第5のステップでは，アプリケーションと他システムを統合してサプライチェーン・マネジメントを支える情報システムとして稼働させる。この最後のステップでは，システム導入後のコンサルテーションとして，継続的なパフォーマンス評価と改善を行なう。それは常に競争力を維持するために，製品を変更し続けたり，より効果的なサプライチェーン・マネジメントを実現するために，最適化したサプライチェーンの範囲を常に変更しなければならないからである。したがって，いったん最適なサプライチェーン・マネジメント手法を確立したとしても，経営戦略や製品市場の変化にともない，常に見直しを行わなければならない。

　これら5つのステップを確実に実行することで，サプライチェーン・マネジメントを支える最適な情報システムが構築される。昨今では，1年前の情報技術さえも古いバージョンとなってしまうため，企業内の情報システムは常に陳腐化のリスクにさらされている。この陳腐化のリスクを小さくするためには，常に最新の情報技術と経営手法を組み込み続ける柔軟なインフラが必要である。

おわりに

　サプライチェーン・マネジメントのねらいは，製品の需要を的確に把握し，それに合わせて，原材料の調達から生産，配送，小売業での販売にいたるまで，製品を供給するチェーン全体のムダを省いて効率化することである。そのためには，おなじチェーンでつながった複数の企業や部門が，「どのくらいの需要

があるのか」や「どこにどのくらいの在庫があるのか」といった情報を共有する必要がある。インターネットの普及など情報技術の飛躍的な進歩でこうした情報の共有化が以前に比べて容易になったこともサプライチェーン・マネジメント普及の大きな要因である。

さらに，インターネット技術の高度化とその利用に対する関心の高まりによって，多様で幅広いデータの収集が可能になるとともに，「データは収集するもの」というこれまでの視点に代わり，お互いにオープン化し合うことを通じて「データは自己増殖していくもの」という考え方が定着しつつある。このような変化が，情報の利用価値を高める情報活用技術のいっそうの多様化と高度化をもたらしている。情報活用技術はまた，情報の収集・分析と，分析結果を意思決定者に的確にフィードバックする仕組みの技術でもある。このためには，企業における意思決定活動の構造や業務の流れをさらにいっそう明確にして，必要な情報を必要な人に継続的に送り届ける仕組みを構築していくことが肝要である。これが確実にできれば，企業の意思決定の正確性とスピードはさらにいっそう向上することになる。

(1) サプライチェーン・マネジメントについての最初の論文は，次のものである。
　　Oliver, Keith & Michael, Webber, "Supply-Chain Management : Logistics Catches Up with Strategy", Outlook, 1982.
(2) 米国食品マーケティング協会編『ECR Report』1993年5月参照。
(3) MRPの概念はジョージ・プロスルやオリバー・ワイトなど，米国の生産管理の学者やコンサルタントが1960年代に提唱し，産業界への普及活動を展開した。
(4) MRPは生産能力の限界が考慮されない資源能力無限計画であるため，MRPで立てられた計画の実行可能性を調整する役割としてCRPが提唱された。
(5) MRP IIの概念は資材だけでなく，製造業の主要な経営資源である3M，すなわち原材料，機械，人材を総合的に計画・管理しようとするものである。わが国ではMRP IIはほとんど存在しないが，その代わりJIT思想が主導的である。
(6) ERP研究推進フォーラム監修，和田英男・坂　和磨共著『ERP経営革命』ダイヤモンド社，1998年参照。
(7) 藤野直明『サプライチェーン経営入門』日本経済新聞社，1999年，p. 17～18参照。
(8) M. E. ポーター著，土岐　坤他訳『競争優位の戦略』ダイヤモンド社，1985年，p.

45～77参照。
(9) 常盤文克『知と経営』ダイヤモンド社，1999年，p. 32～43参照。
(10) SCM 研究会編『サプライチェーン・マネジメントがわかる本』日経能率マネジメントセンター，1998年，p. 55参照。
(11) この現象はスタンフォード大学のハウ・リー教授らは「ブルウィップ効果」と呼び，また MIT のフォレスター教授は「フォレスター効果」と呼んでいる。
(12) E. M. Goldratt, *Theory of Constraint*, North River Press, 1990参照。
　　制約の理論とはボトルネックの工程を起点にして，上流はバックワードに下流はフォワードに所要量を決定していく考え方である。ゴールドラット博士はボーイスカウトの行進の例を引いて，管理の焦点をボトルネックに合わせて他の工程については成り行きにまかせる「ドラム・バッファー・ロープ」方式を提唱している。
(13) 福島美明『サプライチェーン経営革命』日本経済新聞社，1998年，p. 145参照。
(14) 岩島嗣吉・山本庸幸共著『コンシューマー・レスポンス革命』ダイヤモンド社，1996年，p. 97～99参照。
(15) 藤野直明『サプライチェーン経営入門』日本経済新聞社，1999年，p. 143参照。

第8章 サプライチェーン・マネジメントの展開
―繊維産業のケース―

は じ め に

　米国で生まれたサプライチェーン・マネジメントは，ロジスティクスから発展したものと，生産管理から発展したものとの2種類から構成されている。わが国では，ロジスティクスから発展したものが圧倒的に多く見られ，生産管理から発展したものは非常に少ない。ここで検討する繊維産業のサプライチェーン・マネジメントも，ロジスティクスから発展してきたものである。
　わが国繊維産業は70年代まで，欧米，東南アジア，中近東など世界に向けて輸出していたが，その後の国際競争力の喪失により現在では，販売先がほとんど国内市場に限定されている。素材，用途，製品により，その国際競争力の推移はいくぶん異なるが，商品の大半は国内向けに限定されている状況である。国際競争力がまだあるといわれる合繊の糸や織物でも，国際市場に輸出しているのではなく，国内企業のアジア生産拠点向けに輸出しているのであって，そのほとんどが最終製品としてわが国に還流している。また国内衣料市場を見ても，ファッション性の高い衣料品はイタリアやフランスの企業が強く，価格志向型の定番衣料品では中国や東南アジアからの輸入品の比重が高い。その上，若年人口の減少や急速な高齢化のため衣料市場の伸びは期待できない。
　一方で市場ニーズは多様化・個性化してきている。このような成熟した市場では，何よりも顧客の購買パターンや嗜好などを正確に把握していくことが要請されている。ここではサプライチェーン・マネジメントの展開を，わが国繊維産業のケースについて検討してみる。

142   第8章　サプライチェーン・マネジメントの展開

1．成熟市場における課題

（1）生産・流通システムの効率化

　わが国繊維産業の生産構造は，多段階性，水平分断性，産地性，零細過多性といった特徴をもっているが，それに加えて流通面の特徴として，生産の各段階に，産地卸や問屋などの卸売業が多数介在している点が指摘される。生産・流通経路に多数の卸売業が介在するのは，繊維産業に限らず他の多くの産業にも見られる現象であるが，生産工程の間にも多くの産地卸や問屋が介在している産業は，他にはあまり例を見ない。多くの繊維製品のように，生産段階が小規模で，消費特性として購買頻度が高くかつ購入単価の低い商品の場合は，品揃え形成が不可欠であり，それによる需給調整と中間在庫保有を通した市場リスクの負担，さらに生産段階と小売段階に対する手形取引等による信用供与という卸売機能の重要性は高い。

　ここにおいて多段階の卸売流通は，社会的分業と流通コストの観点からすれば，きわめて効率的な流通システムであるということができる。そしてまた消費者ニーズの多様化・個性化に対応し，多品種少量生産が支配的な分野や生産における規模の経済性が発揮しにくい分野においては，需給調整機能を担うものとしての卸売業の役割はきわめて重要である。この卸売主導の生産・流通システムとして最も高度に発達しているのが，繊維産業である。

　繊維産業構造は，多段階の生産工程間分業と，仲間取引を通した市場リスクの分散的吸収の仕組みに特徴づけられ，独特の商慣行[1]を生み出してきた。また，川上，川中，川下という表現に見られるように，相場変動に左右される仮需性の強い川上と，実需性の強い川下というまったく異質な性格をもった段階を包摂している点にも特徴がある。

　相場変動はつねに仮需を生み，流通在庫保有にはリスクがともなうが，卸売業が価格変動を調整して，加工段階への安定的な原材料供給を可能にしてきた。

また，経営基盤の脆弱な産地の生産者に対して，手形サイトの期間差を利用した金融機能の発揮や生産機能の支援と組織化を行なってきた。そして仲間取引による中間在庫の相互持ち合いが，景気後退期において需要不振のインパクトを分散的に吸収する機能を果たしてきたのである。

　こうした不確実性の分散的吸収を主とする多段階卸売取引は，独特の商慣行を生み出した。それは商品の貸し借りであり，委託取引と返品制度である。この委託取引慣行は，元来小売業の見込み仕入れのリスクを軽減すべく，卸売業の投機的中間在庫形成を前提として行なわれるものであった。そして長期の手形決済により小売業に対する信用供与もあわせて行なわれて，新規参入促進の手段としての意味をもっていたのである。こうした特質をもつ繊維産業の生産・流通システムにおける企業間関係は，長期継続取引をベースとするもので，そこには明示的なルールなどは存在していないのが一般的である。

　このような生産・流通システムは，繊維産業の生産と消費が安定的な推移を示していた時代では，その機能を十分発揮できた。しかし近年では，アジア諸国の繊維産業の発展，円高の進展，そして消費の多様化・個性化の進行といった生産と消費の両面において不安定さを増す中で，機能不適合に陥っているのである。これは従来のリスクの分散的吸収という商慣行の枠内で，多品種少量化や発注から納品までのリードタイムの短縮化に対応したために，売れる商品の在庫不足と売れない商品の在庫過剰という傾向が強まったことに端的に示されている。

　こうした状況の中で生産流通システムの効率化をはかっていくためには，製造業と小売業が互いにコンピュータや通信技術を活用し，情報ネットワーク化をはかっていくことが不可欠となっている。現在，製造業では，自社情報システムの構築によって，製品開発プロセスの適正化と受発注システムの短サイクル化を実現しているところもある。

　一方，小売業では，自動的に発注するPOSデータ（販売時点情報管理）や商品発注時に自動的に生成されるEOSデータ（電子発注情報）などによる情報システムの構築が進展している。このようにわが国では製造業と小売業がそれぞ

れの思惑にもとづく，自己完結型の情報システムの構築が一般的である。

しかし，米国のように製造業と小売業がパートナーシップにもとづいて，お互いに情報を共有することができれば，テキスタイルからアパレル，あるいはアパレルから小売業にいたるリードタイムの短縮と中間在庫の削減，素材企画と製品企画の連動などが可能となり，ひいては価格の低下と収益の向上がはかれるのである。サプライチェーン・マネジメントは，生産から末端小売業にいたる情報の一貫性を作る仕組みであり，今後の高度情報社会へ向けて，時間の経済を享受していく意味でも，成熟期に達したわが国繊維産業の目指すべき1つの方向となっている。

（2）需給ギャップの緩和

繊維需要の変動幅は，小売業での末端需要が生産・流通の各段階における在庫の増減と思惑により増幅されて，川上にさかのぼるほど大きくなる傾向がある。このため需給ギャップは必要以上に拡大されるのが常であった。

このメカニズムは，業界ではパイプライン効果[2]と呼ばれている。パイプライン効果の第1の意味は，末端需要が増加した場合，パイプライン中の在庫増加を補充するための仮需が一時的に発生し，それが川上に向かってしだいに増幅されていく，という点にある。本来であれば，末端需要の増加にともなう中間段階の在庫増加は，各生産段階の増産対応のタイムラグにより補充されるべきものであり，各段階の増産量は需要の増加量に等しくてよいはずである。

しかし，実際には生産能力に余裕があるため，タイムラグを超えて在庫増加需要を一気に満たそうとする増産が行なわれやすく，そこに一時的な仮需が発生する。このような在庫増加需要は，一過性のものであるから，在庫補充が速やかに行なわれれば行なわれるほど，その反動として大幅な中間需要の減退が発生する。末端需要が減少する場合は，同様のプロセスを経て，まったく逆の現象が起こってくるのである。このような形で起こる需要変動は，川下から川上に向かってその幅をしだいに大きくしながら波及していくが，繊維産業のパイプラインが長いことがここで重要な意味をもち，川上段階の需要増減は，想

1. 成熟市場における課題 145

像以上に大幅なものとなるのである。これは，いわばパイプライン効果の原型とも呼べるものである。

それとは別の意味で，末端需要にさしたる変動がなくても，生産・流通段階で，需要変動や価格変動に対する予測にもとづく思惑需要が発生することがある。これも一種の在庫増加をうながす仮需要であるから，パイプラインの川上に対して，一時的に需要の大幅な増大をもたらすことになる。これは，パイプラインの本来的な性質に思惑が発生しやすい繊維の商品特性が結びついて，事態をさらに拡大させる現象ということができる。これは加重されたパイプライン効果とでも呼ばれるべきものである。

繊維産業では，このようなパイプライン効果により，生産流通段階の在庫循環がほぼ規則的に発生する。それにより川上の需給が著しく影響を受け，糸や織物などの市況が大きく変動することになる。在庫循環自体は，繊維だけの特殊な現象ではなく，あらゆる商品に見られる普遍的な現象である。しかし，繊維の在庫循環はきわめて鮮明であり，上下の変動幅が非常に大きいという特徴をもっている。大幅な仮需の増加とそれに匹敵する仮需の減少を合計したものが需要の変動幅となり，その需要変動が，これまた大きな市況変動をもたらし，業況の不安定化を招くのである。

1970年代までの高度経済成長期には，繊維産業においても需要の基調的な成長が見られたため，短期的な在庫循環は，成長トレンドに吸収され，市況変動のインパクトが軽減されるという効果が働いていた。この時期には，合繊の急テンポな増設に典型的に見られたように，先行投資により発生した過剰設備も一時的かつ過渡的な問題として自然解消が期待されていたのである。しかし，需要の伸びがきわめて低くなった現在，短期的在庫循環は，繊維市況に対しより直接的に大きな影響を及ぼすようになってきた。このように繊維内需の成長がきわめて低い状況では，主としてパイプライン効果による短期的な在庫循環の波動が，そのままクッションもなく内需の変動に表面化してくるので，市況は大きく変動することになる。そのため繊維業界は，需給ギャップを緩和する方策として，次の3つの課題について対応を急ぐ必要がある。

第1の課題は，末端需要への志向強化である。最終消費者の購買パターン，ファッションの変化などの消費情報を的確に把握して，パイプラインの各段階に迅速にフィードバックしていくことが要請される。

　第2の課題は，パイプラインの短縮化である。長大なパイプラインをできるだけ短縮することによって，需給ギャップそのものを緩和することができる。加工段階の垂直統合ができれば，情報伝達の円滑化がはかられるので，情報不足や情報過多にもとづく思惑の発生も避けることができる。

　第3の課題は，輸入による需給混乱への対処である。輸入量が大きく伸縮して，思惑による仮需を充足する場合，内需の上下変動はいっそう拡大することになる。国内生産に対する防衛処置としての輸入規制については，80年代からいろいろと議論されてきたが，それに加えて，需給を正常化するための輸入ルール作りという視点からの検討もされるべきであろう。

　需給ギャップを適切にコントロールし，過剰在庫や機会損失をできるだけ小さくして，キャッシュフロー効率をあげるマネジメント手法が，サプライチェーン・マネジメントである。わが国繊維産業も生き残りをかけてサプライチェーン改革に取り組む必要がある。

2．サプライチェーン・マネジメントの展開

（1）戦略的同盟の形成

　90年代に入って繊維産業においても，メーカーと小売業との戦略的同盟が急速に拡大した。バブル崩壊後の消費不況と円高による製品輸入の拡大の影響を受けて，国内生産設備の廃棄や縮小により生産の空洞化が進行した。こうした状況のもとでメーカーが販売を維持・拡大していくためには，大手小売業とのパートナーシップにもとづく垂直的な取り組みを行なわないと，事業が成り立たなくなってきたという背景がある。

　小売業との取り組みとしては，糸や織編物だけでは通用しないので，アパレ

2. サプライチェーン・マネジメントの展開

ルなど最終製品を含めたトータルな形で,対応しなければならない。一方小売業のほうでは,消費の低迷により,消費者が品質と価格の双方を兼ね備えた新しい商品価値を望むようになり,価格革命が必要になってきた。このために原材料の綿花や新合繊といった素材にいたるまで吟味する必要性が高まり,川上の素材メーカーにさかのぼって本格的に商品の価格・品質の開発に取り組まなければならなくなったのである。また,PB商品[3]の開発や適正価格,高品質の商品を提供しなければ顧客満足が得られないため,必然的に川上の素材メーカーや川下のアパレルメーカーとの戦略的同盟が形成されていったのである。

戦略的同盟の理論的根拠をなしているのが,M. E. ポーターの「価値連鎖」の概念である。ポーターによれば,「企業の価値連鎖は価値システムの中に存在し,川上価値としての原材料メーカーが,企業の価値連鎖に利用される仕入品を作り供給する。さらに企業の作る多くの製品は買い手に届くまでの間,流通チャネルの価値連鎖を通過する[4]」としている。また,「連結関係(同盟関係)は,最適化と調整の二つの仕方によって競争優位を導き出し,それを発生させる情報の流れ,つまり情報システムが必要となる。連結関係は,内部だけにあるのではなく,原材料メーカーや流通チャネルの価値連鎖との間にもある。この連結が垂直連結である[5]」としている。

この流通チャネルの垂直連結が,メーカーと小売業との連携により,戦略的同盟となり,効果的な連結関係として「価値連鎖」を形成したのである。メーカーであれ小売業であれ,最も重要なことは消費者への対応であり,消費者情報をいかに素早くかつ的確に把握するかが戦略展開の成否を左右する。近年,小売業者は,POS等の情報ネットワークを活用して,消費者の購入時点での買い物情報を迅速にとらえて,これを有効な店頭品揃えに生かすようになってきている。この方向は今後ますます精緻化し,高度化されていくであろう。こうした購入時点での情報は,現在何が売れているのか,何が売れないかを示すことができ,小売業の品揃えやメーカーの製品作りにきわめて現実的な判断材料を与えてくれるのである。

このように生産と流通との機能的な一体化が進むと,メーカーはこれを基礎

としつつ,流通業者と比較的強い長期的関係を構築し,そこから戦略的同盟のメリットを得ようとする。流通業者についても同様なことがいえるであろう。こうした相互のメリットを求める形での戦略的同盟が進んでいくであろう。

　メーカーが自社の製品をできる限り数多くの消費者に買ってもらうためには,何よりもまずその製品が小売店頭在庫の中に組み入れられなければならない。そのためにメーカーは流通業者への売り込みや広告などさまざまなマーケティング手段を展開するかもしれない。しかし,前述のような生産と流通との一体化が進むと,小売店頭の品揃えとその在庫の確定が先行し,それによって製品の売れ行きとその生産がほとんど決定づけられる。したがって,その確定を小売業者に任せているだけでは,メーカーは,いかにマーケティング努力を投入しても,販売目標達成についての大きな不確実性を免れることはできないのである。

　そこで有力メーカーは,独自の情報力を背景としつつ,有力流通業者と長期的関係を築き,小売店頭の品揃えと在庫の確定に参画し,長期的かつ安定的な販路を確保しようとする。これが,現在における戦略的同盟の基本型となっている。また,流通業者もこうした戦略的同盟のメリットを求め,有力メーカーとの長期的関係を築こうとする。この場合,流通業者の得る主要なメリットは,特定の製品カテゴリーに関するメーカー固有の情報を,その品揃えに生かすことができる,という点にある。

　流通業者の情報力は,メーカーの情報力のすべてを代替し得るものではない。また,メーカーもいかに情報力を高めたとしても,それは流通業者の情報力のすべてをカバーできるものではない。双方の情報力は,それぞれの固有性にもとづいて展開され,それがお互いに補完し合うことによって相乗効果を発揮することができる[6]。戦略的同盟はこの効果を計画的に実現するものである。メーカー固有の情報力は,特定製品カテゴリーに関する技術情報と,その製品カテゴリーがどのような生活場面で消費されるかという消費情報から構成される。流通業者固有の情報力は,どのような製品カテゴリーを組み合わせるかという品揃え情報と,消費者がいつ,どの売場で,どのような商品を購入するかとい

う購買情報とから構成される。戦略的同盟は，このような互いに補完し合う2種類の情報力を計画的に統合される機能を担っているのである。

(2) 戦略的同盟の展開

わが国における戦略的同盟の具体的な事例は，食料品および雑貨部門で数多く見られるが，繊維産業でも衣料部門を中心に，表1のようにさまざまな組合せが見られる。戦略的同盟は，これまでのメーカー，卸売業，小売業という取引関係を超えて，それぞれがパートナーシップとして対等な関係に立ち，情報の共有化をはかり，顧客の視点から付加価値を高めていくことである。パートナーシップのもとでは，リスクと利益を公平に分かち合うことが求められている。

戦略的同盟の目的としては，繊維産業では次の5つが指摘される[7]。

第1は，取引業務の合理化による在庫の削減である。需給ギャップを最小化していくために，小売業はPOSで得た商品別の販売実績を，EDI（電子データ交換）により受注・納品・代金決済することで，メーカーや卸売業は，小売店舗への在庫補充計画を作成するという仕組みである。これにより，在庫を最小化しつつ，在庫切れリスクを抑えて，素早い対応が可能になるのである。ワコールとジャスコのケースが典型的である。

第2は，顧客ニーズに合った商品開発の展開である。成熟市場では常に新しい商品が求められており，コストと価値の要件を満たし，かつ顧客のニーズに合った商品の開発を行なう必要がある。特に大型小売業にとっては他社との差別化をはかるためにも，PB商品の展開が不可欠である。このため大型小売業と素材メーカーや総合商社との取り組みが多く見られる。この場合，縫製部門は，中国や東南アジアの企業が担当するケースが多い。

第3は，生産から納期までの生産リードタイムの短縮化である。生産リードタイムの短縮は，上流工程から下流工程までのボトルネックを発見し，中間在庫を極力なくしていくことが基本である。また，顧客ニーズの変化にきめ細かく対応するために，大ロット生産から小ロット生産に移行し，かつ生産の柔軟

表1　繊維の戦略的同盟の具体例

類　型	供給側	小売業	目　的	主　な　内　容
①製販同盟	鐘紡（現KBセーレン・KBツヅキに）	ダイエー	商品開発	婦人服のPB「ロリーナ」に続き，ダイエーのセービングブランドのパンティストッキングの開発。
	東レ・帝人	アオキ・インターナショナル	商品開発	東レはポリエステル製のスーツ・コート用に「メリタス」を，帝人は雨に強いスーツ「バレリオ」を共同開発。
	クラレ	はるやま商事	商品開発	ブラックフォーマルに，コスシェNF展開。
②商販同盟	伊藤忠	イトーヨーカ堂	開発輸入物流ネットワークの構築	「ハートランド」ブランドにて輸入開発，神奈川に「スーパーレックス神奈川センター」開設。
	丸紅	ダイエー	海外生産の開発輸入	米SPAのクレージーシャツ社と提携。
③配販同盟	ワコール	ジャスコ	取引業務の合理化	EDIにより受注・納品・代金決済の実施。POSデータの共有化。
	イタリヤード（2001年に倒産）	専門店（フランチャイズ契約）	取引業務の合理化	店頭での販売状況をすぐに在庫や生産部門に伝えて，品切れを防ぐ仕組みの構築。
製配販同盟	旭化成・倉紡・馬渕繊維など	イトーヨーカ堂	商品開発流通コストの削減	チームマーチャンダイジングによるポロシャツ・セーターの開発生産，衣料分野で30チーム，メーカー，問屋の参加，共同開発。

（戦略的同盟の3つの類型）

　　戦略的同盟 ─┬─ ①製販同盟……製造メーカーと小売業の同盟
　　　　　　　　├─ ②商販同盟……総合商社と小売業の同盟
　　　　　　　　└─ ③配販同盟……卸売業者と小売業の同盟

（出所）原　武治稿「流通革新と戦略的同盟」（下）日本紡績月報，1998年3月号，p.23参照（一部筆者修正）

2. サプライチェーン・マネジメントの展開

性を高めることが重要である。このためクィック・レスポンス (QR) により，品切れしないよう期中生産フォローを行ない，小売店頭の在庫・物流倉庫の在庫・工場の生産状況の3つのバランスを常に適正に保つ必要がある。

第4は，物流ネットワークの構築による流通コストの削減である。戦略的同盟により，卸問屋や代理店などが中抜きされ，調達先が選別されたいわゆる製販直結型では，それだけで流通チャネルの合理化がなされるわけである。また，物流面では，顧客ニーズへの対応をはかるために，小口多頻度配送や即時配送などの高度な物流の実現が不可欠となっており，そのベースとなるのが物流業務の標準化や情報化である。これらの複雑な組合せによる戦略的なロジスティクスを実現していくためには，外部の専門的能力をもったサードパーティ・ロジスティクス (3PL)[8] をアウトソーシングすることによって積極的に活用していくことが必要である。

第5は，生産の効率化によるコストの削減である。顧客ニーズの多様化・個性化を背景として，これまでのような規模の経済性は発揮し難いが，最大限最適生産規模に近づけることによって，コストの削減をはかることが求められている。たとえば，素材メーカーは，低コスト実現のために，紳士服・婦人服・子供服を共通素材として，糸・生機・加工部門の集約化を行なうことによって，規模の経済性を発揮し，素材リスクの縮小や軽減を実現しているのである。

次にイトーヨーカ堂のチーム・マーチャンダイジング (MD) について検討してみる。

イトーヨーカ堂において，衣料部門の仕入れ体制の改革がはじまったのは1991年であった。もともと紳士衣料，婦人衣料，子供衣料，肌着というように売場分類別の仕入体制であったのを，仕入の集約と統合をはかるために商品分類別仕入体制に変更したのが契機であった。その背景には，消費者市場の「売り手市場」から「買い手市場」への変化がある。「買い手市場」のもとでは，売れ行きに応じて追加生産できる仕組みにしない限り，市場機会のロスは補えないと認識されているのである。

そこで従来の仮需発想の仕組みを，実需発想つまり需要の動向に応じて生産

調整できる仕組みへと切り替える必要があった。イトーヨーカ堂の場合，見込み生産体制への追加生産体制の組み込みによって，生産量や生産品種を変更することを目指したのである。このことによって生じるマイナス面として，チームのメンバーに，発注や生産が過小気味になるという弱気が生まれてくる。このような弱気を緩和する工夫として[9]，第1に，情報の共有化があげられる。イトーヨーカ堂の販売計画と同時に，素材や縫製の各メーカーはそれに対応するそれぞれの生産計画や品質管理計画を明らかにするのである。第2に，リスク負担メールの明確化をあげることができる。それが守られている限りは，チームのメンバーが予期しない返品や押し込み販売を想定して行動する必要がなくなるからである。

3．サプライチェーン・マネジメント展開の意義と課題

(1) 伝統的事業システムを超えて

　イトーヨーカ堂のチームMDは，従来の伝統的な生産・流通システムと比較して，つぎの3つの点でそれを超えたものであると指摘されている[10]。
　第1に，情報面とリスク負担面において透明度の高いシステムであること。このことが予期しない返品・押し込み販売・追加発注の発生を抑えている。
　第2に，最終市場のリスクをイトーヨーカ堂が背負うことによって，原材料の安定供給，縫製や染工場の長期使用権が確保されること。そのことによって，一定量が保証されるので，大量生産が可能となる。
　第3に，実需対応によって追加生産＝同期化が容易になること。伝統的なシステムと比べて，コスト増は小さく納期の遅れも短くてすむのである。
　伝統的な生産流通システムでは，リスクに対する個別負担，個別責任の追求よりも，関係企業に負担，責任を分散しようとする志向が強い。これは，リスクの石垣構造という言葉で指摘されている繊維産業の構造的な特質となっている。リスクの石垣構造には，リスクを分散することによって経営の安定をはか

3．サプライチェーン・マネジメント展開の意義と課題　153

るというプラスの効果がある反面，リスクに対する責任の所在の不明確化やチャネル・リーダーの不明確化といったマイナス効果があり，消費者ニーズへの対応の遅れや，生産流通コストの膨張といった問題を発生させている。イトーヨーカ堂のチームMDは，このような伝統的システムを超えた新しいシステムの構築を試行しているといえる。

　しかし，イトーヨーカ堂のこの試みもいくつかの問題をかかえている。最大の問題は，チームMDによって生産流通コストが削減され，期中での追加生産が可能になっても，そこで企画された商品が消費者に支持されるかである。イトーヨーカ堂の場合，チームMDで企画された商品の成功率は約10％といわれている。企画の成功率が低い理由として，商品企画が素材中心になされて，色，柄，デザインなどはほとんど考慮されなかったことが指摘されている。これは取扱い商品が，ファッション性に乏しい定番衣料品であるポロシャツやセーターであったことが大きいと見られている。したがって，イトーヨーカ堂としては，この商品企画の部分をどのようにして新しい製・配・販関係の構築と連動させていくのかが，次の課題である。

　商品企画の問題にまで踏み込んでファッション性の高い商品で，戦略的同盟を構築しているアパレル製造卸として，京都のイタリヤードがあった。イタリヤードは，2001年に倒産したが，その事業システムがユニークなので紹介しておく。イタリヤードの事業システムの特徴は，次の3つに集約される[11]。

　第1は，製造卸であるイタリヤードが，小売り店頭の使用権をフランチャイズ契約にもとづいて確保していることである。商品の展示や陳列，ブランド・コンセプトをどのように消費者に伝えるのかは，イタリヤードが主導権を握っているので，小売店は売場を用意し，販売員を出すだけである。製品の売れ残りのリスクはすべてイタリヤードが負担し，自らが小売業のマーチャンダイジングを決定している。店舗に投入する商品の種類や投入量までイタリヤードが決めるので，小売業は自分の店の商品構成にはいっさいタッチできない。

　第2は，ファッション性の高い衣料品を取り扱っているが，商品構成は限定的なものになってかなり絞りこまれていることである。素材は20種類に限定さ

れ，サイズもMサイズに特化されている。そしてデザインに関しても，「三分の一理論」といって無限定には拡張しないことを原則としている。

つまり，今年販売される商品は，その三分の一が昨年と同じものであり，次の三分の一は昨年のデザインの一部をアレンジしたもの，そして最後の三分の一がまったく新しいデザインの商品で構成されている。この「三分の一理論」によって，安定した売上が確保できるデザインを維持する一方，たえずデザインの新陳代謝をはかれるように工夫しているのである。

第3は，店頭での販売状況は迅速に生産流通部門に伝えられ，品切れを防ぐシステムを構築していることである。期中の商品管理も，店頭商品ごとにフォローすることができ，その商品が店頭に投入されて何日後に売れたのかという販売速度も追跡できるようになっている。イタリヤードの店舗管理担当者は，こうした数字を週ごとに集計し，「アイテム別売れ筋品番表」を作成し，その在庫量を確認して，マーチャンダイザーに報告し，追加発注をかけるかどうかの決定を下している。

生産についても，追加発注の体制が整えられている。素材の20種類は安定素材として集中管理されており，うち4種類は専門商社に繊維指定して待機させている。また染色工程でも，定番品は事前に総量の半数が染められて染工所に保管されている。この事前準備だけで，通常より1カ月半ほど生産期間を短縮している。この結果，工場発注から納品までの生産リードタイムは，平均約3週間と，通常の三分の一ほどですんでいる。

専門商社や染工所，ニッターといった協力工場とは，シーズン前にミーティングをもち，シーズン間の生産計画を綿密に打ち合わせる。商品企画の「三分の一理論」は，事前にかなり正確な生産計画を立てることができるところから，売れ残りのリスクを恐れて，売りの機会を失うという伝統的な事業システムを超えたものとして，評価されていた。

(2) 商慣行と業務の見直し

一般的にアパレル・メーカーは，自らの企画商品を市場に導入するに当たっ

て，事前に小売業者を招いて商品展示会を開催する。アパレル・メーカーから提案される季節のさまざまな商品に対して，小売業者は売れそうな商品を見極めて発注する。その発注量がアパレル・メーカーにとって販売計画の基礎数字となる。展示会は，その商品が売り出される3～4カ月前に開催されるが，それは各社から発注された商品を工場で効率的に生産するには，その程度のリードタイムが必要だからである。

その一方で，小売業が需要を見込んで仕入れた商品でも，見込み通りに売れるとは限らない。予想以上に売れなかった場合には，過剰在庫になる。多くの場合，委託返品制度という商慣行の導入により，小売業はその商品をアパレル・メーカーに返品することで，メーカーにそのコストを転嫁する。また，メーカーが決算前に，帳簿上の売上数字を確保するために商品を小売業者向けに出荷したことにしてもらうこともある。そして決算が終わった後に，一部を返品してもらう。

一方返品とは逆の場合もある。予想以上に売れた場合である。その場合は品切れを起こす。それは在庫があれば売れたのにという目に見えない機会コストである。このような過剰在庫や欠品の問題は，今日では，図1のように，サプライチェーン・マネジメントを導入し，情報技術（IT）を活用することによって，その原因の多くを取り除くことができる。たとえば，生産量と需要量のミスマッチが過剰在庫や欠品を生んでしまう場合は，需要予測システムで「いつ」，「どれだけ」の商品が必要になるかを正確に予測し，計画システムで予測データにもとづく生産計画を立案すれば問題を解決できることになる。また，ある地域では過剰在庫で，別の地域では欠品が出ている場合でも，同様にITで対処できる。需要予測システムで地域ごとに必要な商品の数量を予測し，その予測データを生産や物流の計画システムに反映させればよいからである。もちろん，すべての問題をITだけで解決できるわけではない。

これには次の2つの解決策が考えられる。

第1は，取引先企業との間にある商慣行を見直さない限り，抜本的な解決にはならないことである。繊維産業では多くの企業が顧客満足を経営方針に掲げ

図1 主にメーカーで起こりがちな問題とその原因
（情報技術の活用で原因の多くを取り除ける）

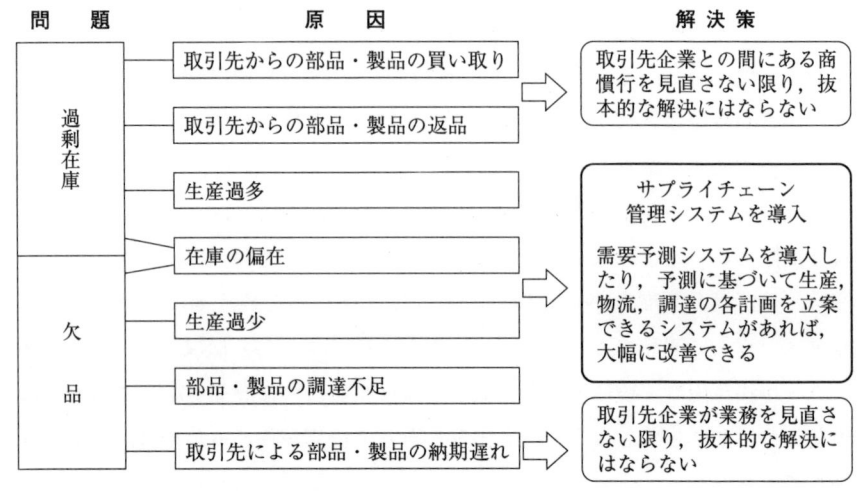

問題	原因	解決策
過剰在庫	取引先からの部品・製品の買い取り	取引先企業との間にある商慣行を見直さない限り，抜本的な解決にはならない
過剰在庫	取引先からの部品・製品の返品	同上
過剰在庫	生産過多	サプライチェーン管理システムを導入。需要予測システムを導入したり，予測に基づいて生産，物流，調達の各計画を立案できるシステムがあれば，大幅に改善できる
過剰在庫／欠品	在庫の偏在	同上
欠品	生産過少	同上
欠品	部品・製品の調達不足	同上
欠品	取引先による部品・製品の納期遅れ	取引先企業が業務を見直さない限り，抜本的な解決にはならない

（出所）特集「サプライチェーン管理 最新ITで成果を引き出せ」日経コンピュータ，2000年4月24日，p.87参照

ている。お客様の満足度を高めることに役に立たない仕事はムダな仕事である[12]。その観点から見ると，従来の取引上慣例となっていた問題点が少なくとも2つある。それはリベート制度と委託返品制度である。

リベート制度は，取引先に対し，期間取引高や取引条件等に応じて設定した金額を支払う商慣行で，建値の調整弁として機能している。また，特定商品の販売促進を目的に支払われる場合もある。それ自体はやましいことではないが，わが国ではリベートの種類がたくさんあり，複雑なリベート体制が取引条件を不透明にし効率の低下を招いている。また，消費者の目から見ても不透明な価格設定であり，不信感をもたれることになる。リベートを処理する業務も企業にとって余分なコストになる。卸売・小売のメーカー依存体質を助長し自主的な経営を妨げている，との問題点が指摘されている。

これに対して，リベート制度の簡素化・合理化などを進めつつ，取引条件の明確化に努めている例が多く見られている。委託返品制度は，小売から卸売・

メーカー等の納入業者に対し，いったん納入された商品を売れ残りだからといって返品する商慣行で，新製品ならびに季節性のある商品を中心に行なわれている。返品の行なわれる理由としては，販売・在庫リスクの分散と回避などがあるが，その背景には，売上・シェア拡大のためには多様な商品を短サイクルで消費者に提供する必要があることが指摘されている。問題点としては，小売等の安易な経営姿勢を招きやすく，結果として小売等の企画力の向上を阻害している，返品のコストが商品価格の上昇を招いている，との問題点が指摘されている。これに対して，返品条件の明確化をはじめ，完全買い取り商品の増加や販売・在庫管理の精度向上のための情報システムの導入等，返品の減少に向けた取り組みも見られている。

　第2は，取引先企業が業務を見直さない限り，抜本的な解決にはならないことである。情報システム化の進んだ現代の企業社会では，業務の標準化はこれまでにも増して重要になってきている。取引先企業によって，業務のルール，商品のコード体系，使用する伝票などが異なれば，情報システムを取引先ごとに構築しなければならず，コストが膨大になる。サプライチェーンの情報化を推進していくためには，受発注の伝票や納品・清算のルールなどの業務の標準化や，共通商品コード（JANコードなど），商品データベース，企業間EDIなどの標準化を進めていくことが大切である。情報が大きな役割を果たすサプライチェーン・マネジメントでは，業界をあげての業務の標準化が不可欠である。しかし，わが国繊維産業では，先進的企業がすでに自社独自の商品コードで情報ネットワークを構築しているケースも多く，また，衣料品も素材，デザイン，色柄，サイズなど欧米に比べて多種多様であり，それだけ商品コードもより複雑多種となっている。それと長年の商慣行とにより，サプライチェーン改革が思うように進捗していない。

おわりに

　いわゆるサプライチェーン（供給連鎖）には，企業間サプライチェーンと企

業内サプライチェーンの2つがある。前者は,原材料を供給するサプライヤー,製品を生産するメーカー,卸売業者,小売業者といった企業間を結ぶサプライチェーン,後者は,メーカーなどの社内において,調達,製造,物流,販売等の各部門を結ぶサプライチェーンを指す。このうち企業間サプライチェーンは,関係するすべての企業が足並みをそろえなければ実現できない。効率的に企業間サプライチェーンを展開していくために,パートナーシップにもとづいて,情報の共有化や業務の標準化をはかっていくことが前提となっている。メーカーと小売業者との戦略的同盟という展開がわが国では圧倒的に多く見られる。サプライチェーン・マネジメントの本質が,流通卸の中抜きであるといわれる所以である。それゆえ卸売主導の生産・流通システムを有し,お互いのリスクを分散・回避する体質をもち,取引条件を不透明にしているわが国繊維産業では,米国では簡単に電子データ交換できる作業も,まず取引の内容を明確にする必要があるということでなかなか進捗しないのである。「どんな優位も一時的というビジネス環境では,ライバルよりも速く進化できない企業は必ず取り残される[13]」という言葉を,わが国繊維企業はよく噛み締めるべきである。今後とも,各企業が人員・組織体制を革新して,サプライチェーン改革に取り組む必要があろう。

(1) これに関しては,拙稿「流通商慣行を巡る諸問題」日本紡績協会監修,日本紡績月報,543号(1992年5月),p. 20〜28参照。
(2) パイプライン効果は,1975年4月にCIRFS(国際人造繊維委員会)が主催し,ウィーンで開催された「繊維景気循環」の研究大会で,西独のエンカ社によって初めて提起された。その後,英国や日本でも実証研究が行なわれた。
(3) PB商品とは,商業者商標ともいわれ,主にチェーンストア,百貨店,ボランタリーチェーンなどによって設定される商標で,メーカーのナショナル・ブランド(生産者商標)に対する対抗力としての働きをする。
(4) M. E. ポーター著,土岐　坤他訳『競争優位の戦略』ダイヤモンド社,1985年,p. 47参照。
(5) 同上書,p. 64参照。
(6) 石原武政・石井淳蔵編『製販統合』日本経済新聞社,1996年,p. 167参照。
(7) 原　武治「流通革新と戦略的同盟(下)」日本紡績協会監修,日本紡績月報,613号

(1998年3月), p. 21~24参照。
(8) 小口多頻度配送などの複雑な組合せによる戦略的ロジスティクスを実現していくためには、多彩な経験と研究によって洗練された専門能力と複数企業の相互利益を調整していくためのコーディネイト能力とが必要である。そのような能力を備えた外部のロジスティクス業者のことをサードパーティ・ロジスティクス（3rd Party Logistics）という。
(9) 石原武政・石井淳蔵編，前掲書，p. 121参照。
(10) 石原武政・石井淳蔵編，前掲書，p. 125参照。
(11) 石原武政・石井淳蔵編，前掲書，p. 128参照。
(12) 牧野　昇監修，三菱総合研究所編『サプライチェーンマネジメント革命』経済界，1999年，p. 64参照。
(13) チャールズ・H. ファイン著，小幡照雄訳『サプライチェーン・デザイン』日経BP社，1999年，p. 56 参照。

第9章 商慣行とビジネス風土

はじめに

　繊維業界では，不況期になるといつも川下（流通）が注目される。70年代の石油ショック，80年代の円高ショック，90年代のバブル崩壊の場合もそうであった。それだけ川下の構造変化が激しく，川上や川中がそれに対応していこうとする動きがあるためである。

　経営戦略的に見ると，外部環境の変化に対応していくことは至極当然のことではあるが，それによって本当に業界内部の構造的な仕組みや事業システムが大きく変化してきたかというと，はなはだ心もとないといわざるを得ない。たとえばプロダクト・アウトから，マーケット・インへの発想の転換が叫ばれて久しいが，そのための構造革新は，その後の新繊維ビジョンの大きな課題となったことにも端的に現れている。表面的には設備の縮小や人員の削減，海外への生産拠点の移転，新技術による新製品の開発など積極的に行なわれているが，業界内部の構造的な仕組みや事業システムをそのままにしておいては，根本的な問題解決にはならないだろう。

　その1つが，商慣行である。一般にビジネス風土としてわが国では，メーカーから小売業までの各段階を通じたリスクシェアリングによる利潤の安定化を重視する傾向がある。「リスクの石垣構造」と呼ばれる繊維産業がその典型である。これに対して米国では，リスクテイキングによる利潤の極大化を重視する傾向がある。その結果，企業の浮き沈みが大きい。それゆえM&Aによるリストラが盛んである。また実際の取引に当たって，米国では，価格と品質が最重視されるのに対して，わが国では，価格と品質は無論のこと，取引の安定性，柔軟なサービスの提供，納期の遵守など多面的に要請されている。こうし

た商慣行とビジネス風土について検討してみる。

1．商慣行の実態と問題点

（1）メーカーによる流通系列化

　流通系列化とは何かについては，諸説があって明確ではないが，独占禁止法研究会は法律学の立場から，流通系列化を，「メーカーが自己の商品の販売について販売業者の協力を確保し，その販売について自己の政策が実現できるよう販売業者を掌握し，組織化する一連の行為である」[1]と定義している。そして独禁法研究会は，流通系列化を「好ましくない行為」として受け止め，その規制を強化すべきであるとしている（1980年3月17日「流通系列化に関する独占禁止法上の取扱い」という報告書を公正取引委員長に提出）。

　しかしマーケティング学者の中には，流通系列化を積極的に評価し，流通系列化こそは現代わが国産業社会の基調システムであり，その社会的存在意義は大きく，違法ではなく，規制すべきではないと主張している。それというのも現代における商品流通の基本的な仕組みを「垂直的マーケティング・システム」[2]として理解し，流通系列化はそのシステムの一形態であって，現代の要請に応えるものであると評価しているからである。

　いずれにしても，米国の圧力もあって，独禁法は，非価格制限的行為を規制する面で，メーカーによる流通系列化の規制強化を打ち出してきた。

　繊維業界への警告として有名なものは，G社のケースである。91年4月に，公取委はG社とその販売会社が小売価格の維持行為を行なったとして，独禁法第19条の規定に違反するとして警告された。G社によれば，安売りされることによって，ブランドイメージが下がるのを嫌うあまり今回のようなことになった，といっているが，公取委からの警告の結果，取引形態を大幅に見直すことになった。しかしながら小売価格をアパレルメーカー主導で決めるというのは，差別化されたブランド品取引における一般的な商慣行なのである。またG

1. 商慣行の実態と問題点　163

社の例でも流通系列化そのものは何ら問題ではなく, それによって排他的な取引をしたところに問題があるのであるが, 一般的には, 流通系列化そのものが好ましくないものとして理解されがちである。実際, 繊維業界に限らず, 多くの消費財メーカーは, 取引先の卸売業者や小売業者に対して, チャネルの組織化を行なっている。これが流通系列化と呼ばれるものの実態である。これらの活動によって, メーカーと卸売業者, 小売業者との間に1つの集合が形成され, 1つのシステムが構築されるにいたっている。そしてこのチャネル組織化現象が, 時代の推移とともに次第に発展し, 進化し, 普遍化してきていることも否定できない。

　繊維業界でも, 川上の販売トレンドとして, 最初の売りっ放しから, 合繊の用途開発へ, 石油ショック以降のアパレル対応, そして近年では, 小売対応つまり小売業との共同企画による戦略的同盟へと進展している。いわゆる垂直的マーケティングが展開されているのである。また大手スーパーの中でもアパレルに強いことで知られるイトーヨーカ堂でも, 従来のような流通システムでは, 顧客ニーズに適合した商品供給ができないので, 「チームMD」という新しい取り組みをはじめた[3]。合繊メーカー, 紡績メーカー, ニッター, 染色チームなどと生産チームを作り, 役割分担をわかりやすくして, 情報の共有化も進めている。これだけでも納期が従来の4週間から1週間に縮まり, 店頭状況をにらみながら, 売れ筋商品を随時追加できるようになった。もちろんすべての商品は買取り制で, 仮に売れ残った商品のリスクはすべてイトーヨーカ堂が負担することになっている。

　繊維業界の最大の問題は, 素材から小売までの長い流通経路であり, 情報が分断されて, 川下には素材のことがわからず, 川上には小売のことがわからないといった状態が続いていたことであった。おりしもバブル崩壊後の消費不況と円高による繊維製品の輸入拡大の影響を受け, 国内繊維メーカーの生産設備の廃棄により生産の空洞化が進行した。このため国内生産品の販売が大幅に縮小され, 販売拡大のためには川下戦略をとり, 大手小売業との垂直的な取り組みを行なわなければ繊維事業が成り立たなくなってきた。

小売業との取り組みとしては，糸やテキスタイルの原料・中間財だけでは通用しないため，川上でも，アパレルなど最終製品を含めてトータルな展開をしなければならなくなったのである。小売業のほうでも，川上の素材メーカーにさかのぼって本格的に繊維製品の価格・品質の開発に関する取り組みを行なわなければならなくなった。また，PB商品の開発やリーズナブル価格，高品質商品の実現をはからなければ顧客満足が得られないため，必然的に川上の素材メーカーとの垂直的連携に取り組むようになった。このような垂直的連携も，いわばゆるやかな流通系列化の1形態と見ることができる。

（2）建値制・後値決め・事後調整

建値制とは，実際の販売価格ではないが，一応の目安としてメーカーが需要家に提示する希望販売価格のことをいう。多くのメーカーから多様な商品が供給される中で，流通段階での価格設定の目安となっていたが，逆に流通段階での自主的な価格設定を妨げ，取引価格を硬直化させる可能性があるとの問題点が指摘されていた[4]。

繊維業界においては，川上では，合繊・紡織メーカーの建値制は，市況商品の性格が強いために事実上崩壊してしまった。合繊メーカーの建値制は，70年代まではあったが，石油ショック以降は福井産地の市中相場が取引価格の目安となっている。これに対して，天然繊維では，90年代まで建値制が存在していた。綿糸では，近藤・都筑といった市販紡績大手は，希望販売価格を設定していたし，毛糸では，最大手の日毛が四半期ごとに疏毛織糸である48双糸の標準販売価格を設定していた。いずれも先物相場の影響で価格が乱れるのを避けるために，提示されていた。しかし，輸入品急増の波に加えて，末端の小売市場で進む低価格化への移行により，実勢価格である市中価格との乖離が目立ったために事実上消滅することとなった。

中でも綿糸は，綿製品の90%以上を占める安価な輸入品が価格主導権を握るようになり，定番糸価格の大きな下げ圧力となったのである。建値はメーカーの一種の上限価格であり，実勢価格と乖離しても建値が通用していたのは，需

要家との結びつきに応じて建値から割引く仕組みになっていたからである。実際の売値でもない販売価格であるが，建値が下がれば，それだけ需要家との商談が不利になるという意識が働くのである。

　川下では，アパレルメーカーの建値制は，安売りによるブランドイメージの低下を防ぐ意味で，希望小売価格として提示されている。大手アパレルにとって主要な取引先である百貨店との取引を例に見ると，同一商圏内の百貨店で，同じメーカーの同じブランド商品が同じ時期に異なる価格で販売されることはまずないといってよい。しかも販売価格は，アパレルメーカーの希望小売価格そのままになっている場合が多い。またバーゲン期になり，売れ残り商品が値引き販売される場合も，下げ幅は同じであり，アパレルメーカーの価格政策の範囲内に収まっているのが一般的である。

　つぎに後値決めと事後調整であるが，製品を出荷した後で，価格を決めるのが後値決めであり，いったん決まった価格を製品を出荷した後で，割引修正するのが事後調整である。いずれもわが国独特の商慣行といわれているものである。川下ではあまり見られないが，川上の素材メーカーでは一般的な商慣行となっている。特に合繊原料メーカーや原毛・原綿を取り扱う商社などに見られる。通常は四半期ごとに仮価格で決済しておき，決算期に後値決めしたり，事後調整したりする場合が多い。このような後値決めや事後調整の商慣行は，基本的にはリスクや利潤を需要家と分配する仕組みであるといえる。また素材は，製品に比べて他社との差別化が難しいという問題もあり，価格が最大の競争要因となる。したがって，後値決めや事後調整のない取引では，相場が乱高下して，メーカーだけでなく，需要家の生産・販売計画を大きく狂わせてしまうので，需要家との安定取引による共存共栄志向を大切にする日本的な知恵ともいえそうである。

（3）委託加工販売・返品制・派遣店員

　わが国繊維産業に見られる商慣行の代表的なものであり，川上や川中で見られるのが，委託加工取引である[5]。委託加工取引は，通常の下請け加工である

が，この場合，委託加工基本契約および付属協定書が締結されているのが一般的である。そして委託加工先の資本金が1億円以下であれば，下請法（下請加工支払遅延防止法）の規制があり，それを守ることが義務づけられている。主なものは，加工賃は納品を受けてから60日以内に，現金または手形で支払うこと，手形サイトは，繊維では90日以内となっている。

また発注の都度，委託加工指図書を発行し，別に代金の支払方法などを書面で通知することなどが義務づけられている。またこの委託加工取引の変形として原料売り製品買い取引がある。これはSB取引と呼ばれ，形態的には売り買いの形をとっているが，実質的には委託加工取引である。この場合，在庫品は潜在在庫として把握できるようにしておくことが大切である。所有権の有無にかかわらず，製品の引き取り義務を負っているので，相手側には強制できないが，在庫表の確認が必要である。約定手続きの基本的なものは，原料売りの段階では，約定単価は原料代金で，決済方法としては手形で，手形サイトは加工期間＋製品買いの手形サイトとなっている。製品買いの段階では，約定単価は原料代＋加工賃を原則とし，決済方法としては，手形で手形サイトは60日を原則としている。手形サイト設定の基準としては，出荷日起算が多いが，場合によっては月末起算というのもある。原料売り製品買いの取引をはじめる時は，一般的に，原料売り製品買いの基本契約および覚書が締結される。

委託販売・返品制・派遣店員は，川下，特に百貨店に見られる商慣行である。戦前の百貨店は買い取り制が原則であったが，戦後になって百貨店は強大な販売力を背景に，問屋などの製品の納入業者に対して委託販売・返品制・派遣店員を強要するようになった。これをうまく利用して成長したのが大手アパレルメーカーである。大手アパレルメーカーは，自社リスクにもとづき，より直接的な市場情報を得るために，売れ残り品の返品も認め，自社の社員を派遣して従来型問屋からの脱皮をはかり，かつ商品企画と連動させることによって大きな成長を成し遂げた。また価格決定機能，需給調節機能，売場管理機能を掌握することによって，大きな収益力を獲得してきた。さらに百貨店にとっては，売場の商品構成の幅が広がり，それだけ顧客に商品選択の自由を与えることに

なったが,反面自主マーチャンダイジングのできる人材が育たないという問題を生み出すこととなった。

この商慣行も,91年に発表された独禁法ガイドライン（流通・取引慣行に関する独禁法上の指針）を直接の契機として,またその後の大店法の廃止や消費の停滞などにより改革に拍車をかけることになった。百貨店や量販店の中には,一部の商品について委託販売契約から買取契約へ移行させているところも出てきている。委託販売契約から買取契約への移行は返品を減らし,派遣店員に任せきりになっていた在庫管理や発注業務を百貨店や量販店が自ら手がけることになる。その結果,自主マーチャンダイジングの進展,つまり百貨店や量販店自らが商品企画を行ない,全品買取契約で仕入れて,自前の販売員で販売する傾向が強まる。しかし,こうした動きは一部にすぎず,大勢は従来の商慣行が定着している。

2. 商慣行の背景とビジネス風土

(1) 島国文化とビジネス風土

日本人は豊かな自然と平穏に恵まれた歴史のゆえに,世界でもまれな楽観文化を持ち,日本人流にやっておれば何とかなるという思い込みがある。しかし,これまでは島国であるメリットを生かして高度成長を遂げてきたが,グローバル経済の進展によって日本はそのデメリットに直面している[6]。日本が島国文化のメリットを享受できた最大の理由は,四季の変化に恵まれた自然環境にある。春夏秋冬,山川草木と豊かな産物が生み出す文化的恩恵である。日本人の多くは多神教であるが,その固有の宗教は神道である。神道は恵まれた自然の花鳥風月から生まれたために,他の宗教にある教祖はなく,したがって教祖による戒律もない。

これに対して自然環境の厳しい中近東や南アジアの場合,宗教性の高い一神教が多く,古代から人々は教祖と戒律による宗教に救いを求めた。今も異宗教

に根ざした紛争が各地で続いている。日本は自然の恵みのもとで宗教に頼ることは少なく，また異宗教による紛争に苦しむこともなかった。また，日本以上に自然の産物に恵まれた熱帯地域の国々に比べて，日本は春秋の穏やかな自然，夏冬の厳しい自然に加え，台風や地震など自然災害があって，自然の恵みを享受するだけでなく，自然への畏敬が人々に自己努力を迫ったのである。自然の恵みから生まれた和の温厚文化とともに，勤勉や几帳面，相互協力といった人間努力の文化をも生み出したのである。

農耕集落あるいは村を源流とした集団主義もまた四季の変化に対応する作業を通じて，几帳面という文化を育てる上で大きな役割を果たした。さらに島国であるゆえに他国と隔離されてきた不利はあるが，外敵に攻められたことはまれであった。このことからも日本では，温厚文化のもとで住民が紛争に巻き込まれたことは少なく，平穏の中で和を大切にする島国文化の良さに浸り続けることができた。加えて，アジアから文化とシステムを取り入れ，島国国家の基盤を形成した。さらに明治維新以来，欧米の文化とシステムを積極的に取り入れて成長を続けた。第二次大戦敗戦のあとも米国から，自由主義・民主主義への大変革の指導と戦後復興への支援を受けたことにより，島国文化の恩恵をフルに生かして日本は経済の超先進国に到達できた。

日本人はこうして勤勉，几帳面，丁寧，温厚，相互協力といった良い文化を生み出し，それによって独特の仲間社会を育ててきた。このような風土が，社会における「秩序と効率」を支えて，政治の安定と経済の成長に大きく貢献したのである。たとえば日本の製造業は，島国文化に根ざす勤勉，几帳面，丁寧による完璧主義の管理と，経営方針への従業員の積極参加をうながすボトムアップとチームワークによる相互協力方式を導入して総合的品質管理（TQC）を育てたことにもそれがよく現れている。ただ近年，企業の不祥事など仲間社会である島国文化のマイナス面が数多く表面化しており，構造変化に対応していないことも事実である。グローバル経済や情報化の進展等に対応していくためには，日本社会に多様性，創造性，国際性を育成する基盤をつくる必要がある。そのためにはまず，各分野での，規制緩和と市場開放を進めるとともに，「秩

序と効率」偏重の一制度から，多様性と文化性の高い多様な制度へ転換する必要があるだろう。

(2) 価格政策に見るわが国の風土

このような商慣行は，わが国のビジネス風土から生まれたいわば商人の知恵であり，それぞれ歴史的な背景がある。わが国の経済システムは，農耕集落あるいは村を源流とした集団主義によるネットワーク型資本主義である[7]。そこでは組織が個よりも優先し，何事にも絆や信用の確立が前提となっている。価格は二の次で一応の値段を建てておけば間に合う。後は信用が深まれば深まるほど，値段は下がる仕組みになっている。取引相手との相互の信頼関係が，情報収集活動にかかるコストの節約など，目に見えないコストの低下を生み出しているためである。これが日本企業の競争力の原動力ともなっている。

たとえば，建値制の存在理由を突き詰めていくと，日本人の引き算思考にたどりつく。その背景には，日本の民族的土壌が浮かび上がってくる。日本社会には表文化としての建前と裏文化としての本音とがある。自分の所属する集団の内部に対するウチ意識と外部に対するソト意識の使い分けがある。農耕集落で集団行動を優先した日本人の意識構造には，第一義的にまず建前が出てくる。建値をもじれば，建前の価格である，次に本音の価格交渉に入る。つまり商談であるが，ここでは建値からいくら値引きするかが決められる。

これからもわかるように建値制は，メーカーの提示する一種の上限価格であり，商談によりそこから値引きされるという引き算思考がある。一方，狩猟民族である欧米人には，物々交換や等価交換の交換意識が根底にあり，それをベースに足し算思考になっている。たとえばおつりを加算する慣習や，取引所の価格を最低基準の下限価格にしてプレミアム（割増金）を上乗せしていく方式などは，西欧人の足し算思考の典型である。

このように価格政策で見ても，日本社会は欧米社会と構造的に異なっている。日本の社会では，個我の自覚が薄く，個人は大勢集団の成員としての個人であり，集団を離れた個人は無力で頼りない存在にすぎない。また，自己の所属す

る集団を超えて存在する社会への関心が薄く,人々の意識は,自己の所属する集団の社会的威信と集団における自己の地位に向けられる。したがって人々は全人格的に集団に帰属してしまうのである。

これに対して,欧米の社会では,徹底した個人主義が支配し,その裏腹の関係において他者の人格が尊重され,コミュニティが重要視される。独立した市民として存在する彼らは厳しい契約の観念に支えられ,厳格な権利・義務関係に置かれる。したがって,彼らが仕事につく場合,契約によって特定の機能を担って,社会における一定の位置を確保するのである。

また,日本社会では,需要家との共存共栄を前提にした相互の信頼関係も,価格や販売量の安定を優先したりして,経営リスクを最小限に抑える効果を生み出している。特に繊維業界のように,低価格の輸入品に対抗するために,高品質の製品を作り続けなければならないという共通の危機意識があるところでは,値決めにも需要家の経営判断が働き,採算の苦しい時には,それ相当の配慮がなされる。こうした長年の信頼関係が,やがて系列関係につながり,高付加価値商品を生み出す原動力になっていることも否定できない事実なのである。したがって内外の批判にのみ着目して商慣行の存在自体を否定するのではなく,商慣行の果たす積極的な役割を十分考慮する必要がある。

(3) 日本と米国のビジネス風土

商慣行は,商品やサービスの性質,顧客のニーズ,政府の施策や規制,業界構造等の多様な要因を反映して形成されてきたものであり,わが国の経済社会において一定の役割を果たしてきた。しかし国によってビジネス風土の違いがあり,同じ風土を共有するわれわれ日本人とそうでない米国人との受け取り方に違いが見られるのは当然である。表1は,日本と米国のビジネスの特性を比較したものである[8]。

端的にいえば,日本のビジネスは,「相互信頼型」,「人間関係志向」,「高精度志向」,「参加型管理」にその特性があり,米国のビジネスは,「ゲーム性」,「個人主義」,「効率主義」,「Top Down式管理」にその特性がある。もう少し

表1　日米ビジネスの特性の違い

〔アメリカビジネスの特性〕	〔日本ビジネスの特性〕
I　ゲーム性	I　相互信頼型ビジネス
1. ビジネスとは：法律と契約によるルールで利益追求のプレイをするゲームである	1. ビジネスとは：ルールよりも人間的な信頼関係が取引の基本である
II　個人主義—個人の尊厳が最優先—	II　人間関係志向
2. 個人の尊厳と自己主張	2. 運命共同体意識と相互信頼
3. Individual Work	3. チームワーク
4. 自己の不利益・不都合の拒否	4. Say Noの回避
5. 優れた創造性と多様性の社会	5. 均一性の社会
6. 創造性の高いEntrepreneurが重要な経済 〕独立した個人の役割が高い	6. EntrepreneurのWeightが低い 〕独立した個人の役割が低い
7. 優れたProfessionalの存在と重要な社会的役割	7. Professionalの社会的役割が低い
8. Salesにおける顧客利益優先志向	8. 雇用主に対する忠誠心の高いSalesman
9. （極めて）高い職業の流動性	9. 極めて低い職業の流動性
10. 相互依存志向の乏しい経営者と従業員	10. 相互依存志向の高い経営者と従業員
III　効率主義—単純・明快・迅速—	III　高精度志向—人間的注意力重視—
11. 機械・技術依存重視と人間依存軽視	11. 人間的要素の重視
12. 二進法的発想と行動	12. 十進法的発想と行動
13. 垂直思考的発想と行動	13. 水平思考的発想と行動
14. ビジネス本位の対応	14. 非ビジネス要素を考慮した対応
15. おおよその精度	15. 完全主義
16. Limited Loyalty & Incentive Oriented	16. High Loyalty & Less Incentive
17. 利益責任の追求を最優先する組織と運営	17. 中長期的視野からの利益責任志向
18. 低いService性	18. 高いService性
19. 簡単な解雇と手軽な会社の売買	19. 終身雇用と少ない会社の売買
IV　Top Down式管理	IV　参加型管理
20. 優れた指導者によるTop Down管理手法とその限界	20. 高度の従業員参加型経営

(出所) 大角晴康『日・米ビズネスカルチャーの違い—或る日本人ビジネスマンの体験』(自費出版), 1993年, p. 124～127参照

詳細にいえば，米国社会は個人主義尊重の社会であり，米国人は個性が強く鮮明な自己主張をする。それゆえに米国ビジネスマンは優れた交渉力があり，またトップダウン経営に優れた力量を発揮する。また，社会は解放的であり，個

人の自由度が高く，その個性が強いがゆえに，社会では常に豊かな多様性と優れた創造性が存在する。

　一方，日本社会は，相互信頼志向の社会であり，また他への配慮に心を配るがために自己主張は往々にして不鮮明である。そのため日本のビジネスマンは単独では交渉力に弱く，また，米国人ほどの決断力にあふれたトップダウン経営にはなじまない。また，他との協調を重視し，そのために社会活動上の自由度が制約されることが多く，社会はとかくモノカルチャー志向に偏りがちである。

　しかしながら反面，米国のビジネスマンは効率偏重のトップダウン経営に偏るあまり，労使一体となって全従業員参加型のボトムアップやチームワークの管理方式の採用を怠ることとなった。目先の効率と成果のみ重視して，経営は短期業績偏重となり，また，性急にレイオフや解雇，企業売却を決断し，企業における人間尊重の精神を軽視してきた。

　一方，日本のビジネスマンは，その伝統的な集団主義を生かして，経営にボトムアップやチームワークの手法を採り入れて，品質管理を企業内に行き渡らせることに成功した。また企業は，従業員に対してその努力の成果を中長期的な立場から評価し，企業への忠誠心を育て，経営目的への参加の意欲を引き出してきた。さらに将来に向けて日本の社会と経済のあり方を考えた場合，米国ビジネスからまだまだ学ぶところも多く，改善すべき課題が存在している。特に「個人主義」の中の項目について，日本のビジネスに不足しているところが多い。個人の尊厳や創造性と多様性について米国のビジネス特性から学ぶことの多いことが指摘できる。

　こうした点をふまえて，今後とも経済的繁栄を維持し，高度情報社会を生き抜いていくためには，産業の基盤をなす社会制度と経済制度に多様性と創造性とを導入していく必要がある。戦後の日本経済の驚異的な成長を支えたものは，社会と経済における均一性であり，それによる秩序の形成であり，高度な効率の追求であった。経済においては常に秩序と効率の追求は必須の条件であるが，これまでのようにまとまりの良い日本的均一社会では，過当競争，仲間

中心の経営，行き過ぎた会社中心主義を生み出すことになっている。事実，21世紀に入って，わが国では企業をめぐるトラブルや不祥事が頻繁に発生している。このようなことでは知的多様性と発想の自由度の高揚を期待することは困難である。したがってこれからは秩序と効率をある程度犠牲にしても，多様性とそこから生み出される創造性の育成こそが不可欠であると思われる。

　最後に日本的商慣行も，日本のビジネス風土から生まれたものであるから，国内企業同士の取引が大部分を占めていた時代では，何ら問題はなかったといえる。しかし，経済のグローバル化が進展し，わが国のプレゼンスが国際的に拡大し続けている今日，日本企業としても，国際社会に納得されるよう取引の透明性の確保に努めることが求められる。特に流通における商慣行については，それぞれ歴史的な背景があるとはいえ，自由な競争の阻害要因とならないように法違反行為を排除していく必要がある。

　また，日本の商慣行には，海外から指摘されるような新規参入の排除や，輸入品に対する差別等を行なっている事例はほとんど見られていない。しかし，この業界ではこうなっているという意識が業界では強く，そのような思い込みが不透明な仲間意識となり，海外の人々の不透明感を増幅している面もあることは否めない。思い込みは時として自己変革への障害となることを理解すべきであろう。

おわりに

　ビジネス風土としてわが国の繊維産業では，川上・川中・川下の各段階を通じて，リスクシェアリングによる売上と利益の安定化を最重視する傾向がある。価格変動のリスクは複雑で長い流通ルートで転嫁・吸収できたし，過度の業界競争を避けて，競争の秩序を維持するため，横並び体質を温存させてきた。そこではルールというよりも，人間的な信頼関係が取引の基本となっており，人間関係志向の強い集団主義にもとづいて，経済秩序の維持形成と，高度な効率の追求を成し遂げてきた。こうしたことは何も繊維産業に限らず，日本のあら

ゆる産業に該当することであるが，このところの企業をめぐるトラブルや不祥事等により，日本のビジネス風土も大幅な変革を余儀なくされている。この問題を解決するためには，以下の3点があげられよう。

　第1は，経営理念の明確化である。集団主義による横並び体質を打破して，個性と創造性のある企業にならなければならない。他社の開発した新製品を模倣するという発想は捨てる必要がある。これにはトップマネジメントの確固たるリーダーシップが必要である。

　第2は，取引ルールの明確化である。日本のビジネスはルールよりも信頼関係が取引の基本になっており，商慣行は取引当事者間には利益をもたらしているが，当事者以外には不透明であり，米国ビジネスのようにルールを明確にし，文書化しておくべきである。

　第3は，創造性と多様性の醸成である。これまで成長を支えてきた日本的均一社会では，過当競争，仲間意識，行き過ぎた会社中心主義を生み出すことになっている。そこでは発想の自由度が制限されてしまうので，創造性と多様性を醸成していくことは難しい。米国のように外国人社員を数多く雇用するといった工夫も必要である。

　日本のビジネス風土の変革は，企業の外側の制度的，社会的な変革を前提とするものであり，多くの困難をともなう変革である。しかし，変革の難易にかかわらず，果敢に挑戦している企業がこれからも生き残っていける企業であり，繊維産業にもこうした事業システムの革新に取り組む企業が数多く生まれてきている。

（1）野田　実編『流通系列化と独占禁止法』大蔵省印刷局，1980年，p. 13参照。
（2）江尻　弘『流通系列化』中央経済社，1983年，p. 70～105参照。
（3）石原武政・石井淳蔵編『製販統合』日本経済新聞社，1996年，p. 105～138参照。
（4）独占禁止法では，再販売価格維持行為は不公正な取引方法として違法とされている。
（5）繊維産業では，合繊メーカーや紡績メーカー，商社などが織物産地の業者に対して，織加工を委託する場合が多い。これを「賃織り」という。これに対して自らのリスクで，糸を買い織物をする業者を「手張り」という。

（6）大角晴康「平和なる革命化の日本経済」化繊月報，1999年1月号，p. 45～46参照。
（7）中谷　巌『ボーダレス・エコノミー』日本経済新聞社，1987年参照。
（8）大角晴康『日・米ビズネスカルチャーの違い―或る日本人ビズネスマンの体験』（自費出版），1993年。

第10章　ユニクロの事業システム

はじめに

　85年のプラザ合意以降の円高定着による繊維製品輸入の急増と，91年のバブル経済の崩壊による国内衣料需要の低迷によって，わが国繊維産業のアパレル生産は大きく低下した。オイルショックの後もほぼ一貫して拡大し続けてきたアパレル産業が，初めて経験する大きな挫折であった。確かに多くの産業で，バブル経済の崩壊によって，生産の低迷あるいは下落が発生した。しかし，その低落後の水準は実はバブル以前からの長期的安定路線に戻っただけという産業がほどんどであった。アパレル産業の場合，その長期的トレンドの水準よりも大きく落ち込んで現在でも生産が縮小している。アパレル業界は，91年には12兆円強という史上空前の売上げを記録したが，その後は落ち込む一方で，2000年には10兆円を割り込んだものの近年は回復基調にある。

　不振のアパレル業界にあって，ユニクロ[1]のファーストリテイリング，実用衣料のしまむら，無印良品の良品計画の3社は，「アパレル勝ち組御三家」といわれている。また，ユニクロ，ライトオン，しまむらの3社は，「デイリーカジュアル御三家」ともいわれている。この中でも，ユニクロのファーストリテイリングは，売上高，経常利益において，他社を断然引き離した抜群の成長を示すとともに，カジュアルウェア[2]でトップの座をしまむらから奪って躍進中である。ユニクロの特徴は，ビジネスモデルの体系化とその向上を常に追求し，確信をもつと即実行を繰り返してきた会社だということである。その裏には，よく研究した上で実行するとか，常識を信じず顧客に聞いてみるといった面がある。ここではこうしたユニクロの事業システムについて検討してみる。

1. ユニクロの発展経緯

(1) カジュアルショップからカジュアルチェーンへ

　どの企業もその発展過程を見ると、いくつかのターニングポイントがある。ユニクロは、今日まで3回のターニングポイントを経験している。第1回は、84年にカジュアルショップ「ユニクロ」1号店を開店した時。第2回は、91年にカジュアルショップを本格的にチェーン展開した時。第3回は、98年に都心に初めて進出し原宿店を開店した時である。それぞれの時点において、事業システムの革新を行なって、それまでとは全く異なる企業に変身を遂げている。「脱皮できない蛇は死ぬ」の言葉通りに、脱皮を繰り返して、成長してきた。まず第1回から第2回へのターニングポイントについて記述する。

　ファーストリテイリングの柳井正社長は、71年に早稲田大学を卒業し、ジャスコに入社するも、10カ月ほどで退社する。故郷の山口県宇部市に戻って、家業の紳士服小売店「メンズショップ小郡商事（OS）」を継いだ。宇部市は人口も少なく、紳士服市場も限られているので、海外ブランドの婦人服やVANのカジュアルウェアを取り扱うようになった。その結果、紳士服や婦人服はビジネスが難しいが、カジュアルの将来性には魅力を感じるようになった。欧米にも度々視察に出かけては、先進的な小売業、中でも「ギャップ」「リミテッド」「ベネトン」などを見て刺激を受けた。また、米国で見た大学生協にヒントを得て、「気軽に入って、気軽に買える低価格の衣料品店があれば、顧客に受けるのではないか」と思い、さっそく業態開発に取りかかった。こうして「週刊誌みたいにカジュアルを買える店」をコンセプトとし、ムダを省いた倉庫型店舗という意味の「ユニーク・クロージング・ウェアハウス」（ユニクロの正式名）が誕生した。

　どこよりも安い価格でやる以上は、人口の集まる都市の中心部でやる必要があり、宇部市に比較的近い広島市袋町で、84年6月にユニクロ1号店を開店し

た。規模は1，2階で売場面積330m²と地域最大級であった。今のユニクロと同じく，エレクターという食器類販売に使われる什器に，1000円，1900円のカジュアルウェアを揃えた。朝6時開店，夜12時閉店の営業が話題を呼び，初日から若者が押しかけて大盛況であった。

1号店の成功を受け，2号店は翌85年6月に下関市郊外に，ロードサイド専門店[3]を出店する。これがその後の成長を支えた郊外展開のはじまりであった。続いて10月には，岡山市内の都心と郊外に2店を同時開店する。4店舗の営業経験から，「カジュアルには年齢も性別も関係ない」こと，「トレンドものよりベーシックなものに大きな需要がある」という2つの原則に気づくこととなった。郊外店舗には若者以外の幅広い客層が集まり，売上も都心店よりも良く，以降，郊外立地を主力とし，対象客はノンエイジ，ユニセックスとし，商品はベーシックなカジュアルを意識していくようになった。

業態が固まっていくとともに，次に目をつけたのが，仕入れ原価を引き下げるためのフランチャイズ・チェーン（FC）の募集である。86年10月，マエダ商事と組み山口市に1号店を開設する。以後，直営店出店と並行して，90年8月期でFC募集を取りやめるまで，7店を開設した。

しかし，ユニクロの店舗数が増えるほど，良い商品を安定的に入手するのが難しくなるという問題が生じた。地方都市で専門店が生き残っていくためには，自らが企画開発機能をもち，商品開発をするしか方策がないと考えて，87年に香港や日本のメーカーに製造を委託した。SPA[4]（製造小売業）のはじまりであった。88年には香港に商品調達の合弁会社を設立（後に解散），89年に企画開発を主任務とする大阪事務所を開設（後に東京事務所に統合）するなど，体制作りも進めていった。

ユニクロの確立に懸命に取り組みながらも，祖業である紳士服販売も継続していた。当時隆盛していたロードサイド専門店よりグレードの高いコンセプトで，新業態「スピリット」を開発，89年10月に福山市と宇部市の郊外に出店したが，効果が上がらず2年足らずで撤退した。91年秋，ユニクロ一本に業態を絞り，以後3年間で100店舗出店し，売上高300億円達成の事業計画を立て，本

表1　ユニクロの業績推移

(百万円)

事業年度	売上高	経常利益	店舗数	従業員数
1984年8月	1,410	▲31	7	—
1985年8月	1,526	30	8	—
1986年8月	2,103	22	11	—
1987年8月	2,237	65	13	—
1988年8月	2,719	42	15	—
1989年8月	4,164	48	22	—
1990年8月	5,157	100	25	—
1991年8月	7,179	358	29	139
1992年8月	14,339	926	62	202
1993年8月	25,037	2,112	90	294
1994年8月	33,336	2,742	118	397
1995年8月	48,692	4,530	176	534
1996年8月	59,959	4,570	229	622
1997年8月	75,020	5,510	276	798
1998年8月	83,120	6,319	336	950
1999年8月	111,081	14,165	368	1,055
2000年8月	228,985	60,480	433	1,200
2001年8月	418,600	103,200	519	1,598

(注) 2000年8月末の従業員数のうち，本部に約300名，各店舗に約900名。また従業員とパート等の合計は約8,700名
(株)ファーストリテイリング有価証券報告書総覧

格的なチェーン展開に乗り出した。また社名もファーストフードの完全システム化された形態をファッション産業で確立し，カジュアルのスタンダードを自ら創るという意味で，ファーストリテイリングに変更した。バブル経済が崩壊し，深刻な消費不況が到来した91年秋以降も，年間30店舗の出店をはじめたファーストリテイリングの業績は急上昇していく（表1参照）。また100％自社リスクを前提に，計画的な商品投入を保証する体制を築いていった。

（2）カジュアルチェーンからカジュアルダイレクトへ

　次にユニクロの第2回から第3回のターニングポイントについて記述する。94年頃から，紳士服のロードサイド専門店の勢いに陰りが見えはじめた。そのため，紳士服専門店などから，急拡大がはじまっていたカジュアル市場への本格参入が相次いだ。94年7月に，ファーストリテイリングは，90年秋からはじめていた広島証券市場への株式公開が実現した。上場で得た134億円の資金を背景に，年間出店数はこれまでの30店舗から50店舗へ引き上げて，全国チェーンへの道をひた走っていくことになった。

　さらに株式の上場を機に，顧客への「3つの約束」を実行した。1つは，いつも清潔な売場づくり，2つは，広告商品の品切れ防止，3つは，購入後3カ月以内の理由を問わない返品・交換の受付である。この返品・交換の受付によって，逆に商品の改良点がわかり，ユニクロ商品の品質向上につながることになった。

　また同年に，商品企画機能を向上させるため，ニューヨークにデザイン事務所を開設した。96年秋から，子供服の展開をはじめ，10月にはその企画開発機能を強化するため「ヴァンミニ」（東京）を傘下に収める。この頃，レディスと子供服を中心とした「ファミクロ」とスポーツカジュアルの「スポクロ」の2つの新業態を構想する。そして97年10月に全国に「ファミクロ」「スポクロ」を各9店を一気に開店させた。全店ユニクロの業績不振店舗を業態転換したものであった。翌年8月までにそれぞれ30店舗，売上高50億円という予定であった。

　ところが顧客の反応は予想外に厳しかった。売場にはユニクロラベルの重複商品が多く，顧客にとっては，どの店に行っても大して変わらない。そればかりかユニクロそのものの存在感が希薄になってしまった。欠品が相次いだりした結果，客離れが起こって，既存店売上高伸び率が初めて，前年割れを起こした（図1参照）。

　ユニクロの未熟さを思い知らされた柳井社長は，新業態をわずか半年で中止

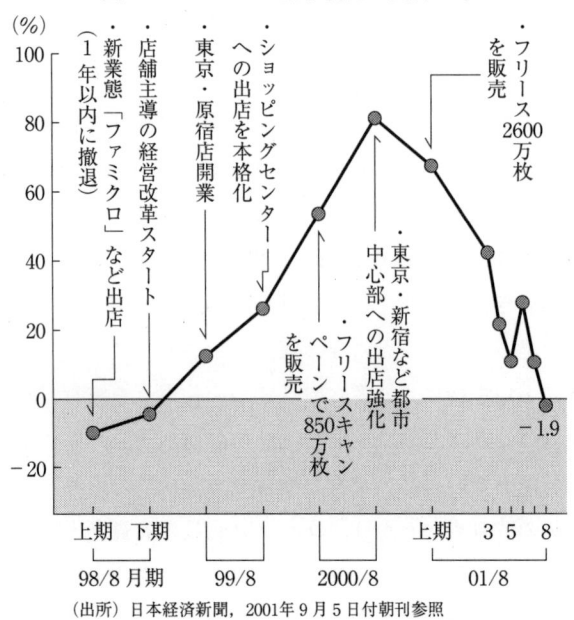

図1　ユニクロの既存店売上高伸び率

（出所）日本経済新聞，2001年9月5日付朝刊参照

し，もう一度白紙に戻して会社を建て直す取り組みを開始した。98年6月に，全社変革運動である「ABC（オールベターチェンジ）改革」がはじまることになった。そこでは店舗が唯一のプロフィットセンターであることを再確認し，店舗と顧客との接点を起点に会社全体の事業システムを全面的に組み直す改革である。また過去の成功体験を捨て去って，次のような8つの抜本的な大改革を行なった。

　第1に行なったのは，役員の総入れ替えである。7人の役員のうち，5人が入れ代わった。残った2人は柳井社長と堀端専務で，新しい役員は，アパレル業界は素人で，皆若く，高学歴と英語力に加え，そうそうたる有名企業の出身者ばかりが揃った。それによって経営スタイルが，従来のワンマン体制から，テクノクラートによるチーム経営に切り替わった。

　第2に，企画開発体制の一本化である。東京，大阪，ニューヨークの3カ所に分散していたデザインチームを東京に集中させた。

第3に，中国の委託生産工場の集約化である。約140あった委託工場を約40の優良工場に集約すると同時に，上海事務所と広州事務所を開設して，工場の生産管理と品質管理を徹底化させた。

　第4に，売りさばき型からニーズ創造型への転換をはかった。作ったものをいかに売り切るかではなく，売れるものをいかに速く作るかに転換し，サプライチェーンの再構築を目指した。2000年10月には，この考え方にもとづく新しいサプライチェーン・マネジメント（SCM）のシステムが稼動した。

　第5に，本部主導から店舗主導への転換をはかった。店舗数が300を超えると本部では管理できなくなったので，店舗の自主管理にまかせることになった。同時にスーパースター（SS）店長制度を設けて，発注など店舗運営の全権限をもたせた。

　第6に，郊外ロードサイド専門店から，都心，SCへの出店展開をはかった。98年3月に大阪心斎橋に都心1号店，次いで11月に東京原宿に都心2号店を開設し，予想外の成功を収めたため，都心，SCへの集中化をはかることになった。

　第7に，ナイキの宣伝で知られる米国のワイデン＆ケネディ社と提携して，販売促進をチラシからメディアミックスへ転換させた。

　第8に，カタログ通販とインターネット販売の実施である。2000年6月よりシムリーと業務提携して，カタログ通販を開始，3年間で売上高500億円，経常利益100億円以上に拡大する目標である。また同年10月よりインターネット販売を開始，販売目標は年間30億円となっている。

　このような改革は，ユニクロのカジュアルダイレクトの考え方に沿ったものである。カジュアルダイレクトとは，顧客の要望をダイレクトに聞き，企画・生産・物流・販売まですべてのビジネス活動を見直し，最適のビジネスモデルにすべてを組み直すことである。それは，小売りとかチェーンの枠を飛び超えて，サプライチェーンの再構築により，効率の良いビジネスモデルに組み替えて，顧客のための新しいカジュアルを担う産業を創造すること，というのがユニクロの考え方である。

2．ユニクロの経営哲学

（1）経営理念と企業倫理

　企業を取り巻く環境は常に変化している。それは企業に対して組織や戦略のあり方を根本から再考することを迫っている。企業経営のあり方は，今後どのように変わっていくのか，また企業は自らの目指すべき方向をどのように認識しているのか。こうしたことを考える際に，経営理念はその大きな指針を与えてくれる。なぜならば経営理念は，その企業が何をやっているのか（ミッション），どのような方向に進んでいくのか（ビジョン），何のために存在しているのか（アイデンティティ），を企業自身が自らの言葉で示すものだからである。

　経営理念は情報化が進展し，驚くほどの速さで経営環境が変化する中でますます重要となっている。時代が混迷を極めれば極めるほど，企業がその混迷の海に船出する際に，遠くに輝く灯台の明かりとして，また漕ぎ手を奮い立たせるシンボルとして，重要な役割を果たしている[5]。また経営理念と並んで近年，企業倫理が大きく取り上げられるようになってきた。企業倫理は，たとえば法律的に無罪となる場合でも，倫理的に反社会的行為となるケースをどう判断するかを規定しておかないと，会社や組織に不必要な負担をかけてしまう。いわば倫理とは，21世紀に自由な企業行動を通じて，富を生産し分配し，また長期的に社会全体の厚生を実現するための最低限共有すべきルールである。それゆえに倫理規定や行動規範は実行性あるあるルールであることが必要である。このような観点から，ユニクロの経営理念と企業倫理について検討してみる。

　まずユニクロにおけるミッションは，次の通りとなっている。「いつでも，どこでも，誰でも着られる，ファッション性のある高品質のベイシックカジュアルを市場最低価格で継続的に提供する。そのためにローコスト経営に徹して最短・最安で生産と販売を直結させる。自社に要望される顧客サービスを考え抜き，最高の顧客サービスを実現させる，世界水準の人が喜んで働ける環境を

提供し，官僚的でなく，血の通ったチームとして革新的な仕事をする」と。つぎにビジョンは，「年率30％の売上と収益の成長を目指し，世界一のカジュアル企業になる」となっている。さらにアイデンティティは，「ユニクロは良いカジュアルをあらゆる人が着られるようにする新しい日本の企業である」というブランドメッセージがそれである。このミッション，ビジョン，アイデンティティを確立することが，事業を経営するに際して，重要であり，これらを明確に公示し，広く社会に理解してもらうことが大切であると柳井社長も述べている[6]。

　企業が収益を上げながら成長し，社員1人ひとりの自己実現のためにも，あるいは社会により貢献するためにも，全員が奮い立つような明確な経営理念が必要である。これらが明確に記載されない限り，企業の成長や発展はあり得ないといっても過言ではない。つぎにこのミッション，ビジョン，アイデンティティを実現していくために，経営者が経営を実践していく必要がある。そのためには，全社員が会社全体のことをよく知り，意欲をもって継続的に経営をして，成果を出すことが大切である。

　ユニクロの場合は，次のような5つの仕組みにより実行されている。

　第1は，会社の経営構造と経営方針が明確になっていることである。そしてトップからアルバイトまで，仕事をする上では対等の関係にあり，全社員が横一線で考え働くフラットなパートナーシップをもった経営構造を目指している。また，経営理念23カ条（表2参照）があって，全社員が遵守すべき普遍的な経営方針が書かれている。このうち⑲～⑳の3カ条は，企業倫理に直接関係する項目となっている。

　第2は，全社員と全部署にあるべき目標や成果が明確になっていることである。そして毎月の経営数値をはじめ，全部署の指標を社員に開示し，効率的に仕事をしなければならない仕組みになっている。

　第3は，会社の全体像を明確にし，優先順位をつけて無益な局地戦に入らないように指導されていることである。会社には課題が山積している。重要な課題から解決していかなければ，業績は良くならない。

表2　経営理念23カ条

❶顧客の要望に応え，顧客を創造する経営
❷良いアイデアを実行し，世の中を動かし，社会を変革し，社会に貢献する経営
❸いかなる企業の傘の中にも入らない自主独立の経営
❹現実を直視し，時代に適応し，自ら能動的に変化する経営
❺社員一人ひとりが自活し，自省し，柔軟な組織の中で一人ひとりが尊重とチームワークを最重視する経営
❻世界中の才能を活用し，自主独立のIDを確立し，若者支持率No.1の商品，業態を開発する，真に国際化できる経営
❼唯一，顧客との直接接点が商品と売り場であることを徹底認識した，商品・売場中心の経営
❽全社最適，全社員一致協力，全部門連動体制の経営
❾スピード，やる気，確信，実行力の経営
❿公明正大，信賞必罰，完全実力主義の経営
⓫管理能力の質的アップをし，無駄を徹底排除し，採算を常に考えた，高効率・高配分の経営
⓬成功，失敗の情報を具体的に徹底分析し，配置し，次の実行の参考にする経営
⓭積極的にチャレンジし，困難を，競争を回避しない経営
⓮プロ意識に徹して，実績で勝負して勝つ経営
⓯一貫性のある長期ビジョンを全員で共有し，正しいこと，小さいこと，基本を確実に行い，正しい方向で忍耐強く最後まで努力する経営
⓰商品そのものよりも企業姿勢を買ってもらう，感受性の鋭い，物事の表面よりも本質を追求する経営
⓱いつもプラス発想し，先行投資し，未来に希望を持ち，活性化する経営
⓲明確な目標，目的，コンセプトを全社，チーム，個人が持つ経営
⓳自社の事業，自分の仕事について最高レベルの倫理を要求する経営
⓴自分が自分に対して最大の批判者になり，自分の行動と姿勢を改革する自己革新力のある経営
㉑人種，国籍，年齢，男女などあらゆる差別をなくす経営
㉒相乗効果のある新規事業を開発し，その分野でNo.1になる経営
㉓仕事をするために組織があり，顧客の要望に応えるために，社員，取引先があることを徹底認識した壁のないプロジェクト主義の経営

（出所）梛野順三『ユニクロマーケティング方式』ぱる出版，2001年5月，p.154参照

　第4は，会社の重要な課題には，誰がいつまでにどの程度まで解決すべきかが，明確になっていることである。あらゆる課題に対して，責任者と担当者が決められている。

　第5は，毎日，実行するための計画を作り，進捗度を確認し合って，最適な

方法で実現可能な最良の結果を求めていることである。経営理念は，進歩への飽くなき意欲と密接に関係している。進歩しようとする意欲は，探求し，創造し，発見し，達成し，向上しようとする人間の本能に近い衝動から生まれる。いつまでも満たされることのない欲望のように，進歩への意欲をもつ企業は，たとえ大きな成功を収めていようとも，絶対に満足することはない。経営理念と進歩への意欲が共存して，互いに力を与え合い，補完し合い，強化し合っているからである[7]。ユニクロの今日の状況は，まさにそのことを典型的に示しているといえよう。

（2）カジュアル哲学とビジネスコンセプト

　ユニクロはまた，カジュアルについても，次のようなユニークな見解を世間に発表している。「みんなのカジュアル，それがユニクロです。私たちは，あらゆる人が着ることができるカジュアルを信じています。カジュアルは，普段の，気軽な，くつろいだ服です。カジュアルは，若者のためだけの流行の服ではありません。毎日の暮らし方，心の持ち方のスタイルです。カジュアルは，年齢も性別も選びません。活動的に，快適に生きようとするすべての人に必要な服です。服はシンプルな方がいい。着る人自身のスタイルが見えてくるような服をつくっていきたいと思います。ユニクロは，すべての製品を自分たちの手で企画開発し，生産を管理し，流通から販売までを一貫して行っています。そうすることで様々なコストをおさえ，品質のいいものをできる限り安くお客様にお届けすることができるのです。そしてこのとき，価格のために品質を犠牲にすることはありません」。

　一般にカジュアルというと，有名ブランド品の高価でトレンディなものか，スーパーなどで販売されている低価格なものをイメージする。また，色，柄，デザインなどから，若者向けやシニア向け，男ものや婦人ものといった区別をする傾向がある。そうした狭く限定された分野ではなく，もっと幅広い世界なのだと，ユニクロは主張している。ユニクロは，人々にカジュアルウェア観の変更を迫って，人々もこれに共感して，ユニクロの店に押しかけている。

さらにユニクロのカジュアル哲学は続く。「カジュアルには限定される年齢，性別，職業などありません。身につける衣服すべてが日常を快適に過ごすためのギア（部品）であり，そのひとつひとつがカジュアルなのです。ティーンズ向けのTシャツとか，40代向けのシャツといった発想はナンセンス。コーディネイトしたときに初めて，服はヤング風になったり，アダルト風になったりするのです。つまり，カジュアルとは，だれにでも合う服なのです。年齢に関係のない＝ノンエイジ，性別も関係ない＝ユニセックス，そして人種や国籍，職業，学歴など人を区別してきたあらゆるジャンルを越える永遠のみんなの服，それがカジュアルなのです。日本のカジュアルウェアの世界で，時代のニーズを的確につかみ，ユニクロはカジュアルウェアのスタンダードをめざします」[8]。

ユニクロの独創性は，それまでのカジュアルウェアという概念そのものを変えたことにある。少なくとも既成のカジュアルのイメージを取り払い，カジュアルコンビニエンスというごく身近な生活必需のマーケットに置き換えたところにある。限定されたカジュアル市場に自らを押し込めることなく，そこから解き放たれたところで，新しいカジュアルのマーケットを創造し，拡大し，独自に開拓してきたことが成功の最大のポイントといえる。

カジュアルに対する基本的考え方について，柳井社長は次のようにいっている[9]。「われわれはあらゆる人に合う服を作ろうとしている。日常を快適に過ごせ，老若男女だれでも着られる，しっかりとした普段着だ。そういう意味での服は，コーラとかビールとか洗剤とか，他の消費財と変わらない。そもそも"若者のボタンダウンシャツ"とか，"年配向けのセーター"などという発想自体が間違いではないか」。したがってユニクロのカジュアルコンビニエンスは，ターゲットやトレンドをあえて絞り込まず，客層幅の広いノンエイジ，ユニセックスという切り口で，万人向けするベーシックで飽きのこないデザイン，そして他を圧倒する低価格によって，限定された小商圏でも成り立つ独自の業態を確立し得たのである。

また一方でユニクロは明快なビジネスコンセプトを掲げている。

その第1は，ファーストフード・コンセプトである。これは社名のファーストリテイリングの意味に関係がある。それは顧客要望の即商品化で，ファーストフードのコンセプトをもった小売業でありたいという企業の根本精神である。ファーストフードのコンセプトとは，いつでもどこでもだれでも購入できること，全世界どの店に入っても同じ商品を同じサービスで提供されること，独自商品の企画開発・生産販売システムをもっていること，である。

第2は，グローバル・ネットワークである。これはカジュアル＝ユニクロとなるように，企画から生産・物流・販売までを，垂直的にシステム化し，情報のネットワークを共有し，合理的な思考によって，最高のグローバルなネットワークを構築していくことである。このようにユニクロは，明確なビジネスコンセプトを打ち出して，努力することを宣言している。2001年8月期の既存店売上高が前年同期比1.9％減（図1参照）と，35カ月振りのマイナスで，ユニクロの成長にも陰りが見えはじめたが，2002年8月期は，売上高5,000億円，経常利益1,200億円の達成を目指すと同時に，今後3年間で，売上高，経常利益ともに毎期20％ずつ拡大する目標を示している。一方，新たな成長の場として，かねてより海外市場に期待をかけており，その嚆矢として，2001年9月28日に英国ロンドンとその周辺に4店舗を開業した。グローバル・ネットワークのはじまりである。

3．ユニクロの事業システム

（1）ギャップとSPAの成立

ギャップは今日，世界一のアパレル製造小売業であるが，69年にドナルド・フィッシャー会長が，米国サンフランシスコで，小さなジーンズショップをオープンしたのがはじまりである。店名は，現在のギャップ社のもとになった「ザ・ジェネレーション・ギャップ」で，ティーンズや若者にリーバイスのジーンズを販売していた。その後，店舗も増えて，他州にも進出した。

表3　ギャップの90年代業績推移

(億円, %, 万人)

	売上高	純利益	売上高利益率	店舗数	従業員数
1990年度	2,127	158	7.5	1,092	2.6
1991年度	2,770	252	9.1	1,216	3.2
1992年度	3,256	231	7.1	1,307	3.9
1993年度	3,625	284	7.8	1,370	4.4
1994年度	4,095	352	8.6	1,508	5.5
1995年度	4,834	389	8.1	1,680	6.0
1996年度	5,812	498	8.6	1,854	6.6
1997年度	7,158	587	8.2	2,130	8.1
1998年度	9,959	906	9.1	2,466	11.1
1999年度	12,798	1,239	9.7	3,018	14.0

(注) 1. GAP の Annual Report より作成
　　 2. 売上高と純利益は110円/ドルで換算

　80年代に入り，マーケットの変化に対応できず，業績は急激に低下した。そこで83年に婦人服のアン・テーラー社のミラード・ドレスラーを，ギャップ社長に迎え入れた。同氏はギャップ商品の基本コンセプトを「クリーン・オール・アメリカン・シンプル」として，ギャップブランドとリーバイスだけに絞るとともに，店舗デザインも「シンプル＆クリーン」とした。同年には，ギャップより客層と価格がワンランク上の専門店「バナナ・リパブリック」を買収し，さらに86年には，「ギャップ・キッズ」という子供向けの新しい業態もスタートし，成長軌道に乗った。その後，リーバイスの売上シェアを徐々に低下させ，91年には完全に排除し，自社企画ブランド商品のみとなった。94年には，ギャップよりワンランク下の専門店「オールド・ネイビー」がスタートしている。ニューファミリーが登場した90年代に，ギャップは，爆発的な成長を遂げている（表3参照）。90年代の10年間で，売上高6.0倍，純利益は7.8倍，店舗数で2.8倍，従業員数では5.4倍となっている。

　ギャップは当初，地方都市の郊外に出店することが多かったが，次第にショ

ッピングセンターやパワーセンターへの出店が多くなり、今では大都市の都心への出店が増えている。ギャップの日本への進出は、94年12月に現地法人を設立し、95年9月に数寄屋橋阪急店に、第1号店をオープンした。地下1階と地上1階に出店し、計540坪の広さである。第2号店は、玉川高島屋ショッピングセンターにオープン、約300坪で、ギャップ・キッズも併設した複合店舗となっている。新宿では、伊勢丹、フラッグス店、三越の3カ所に出店している。99年秋には国内最大店舗で、約720坪の原宿店がオープンして、話題を呼んだ。2000年10月末で、ギャップの日本での店舗は、53店舗となっている。しかし、「バナナ・リパブリック」や「オールド・ネイビー」は、まだ日本へは進出していない。

　SPAは、ギャップのフィッシャー会長が86年度の決算発表で初めて使った言葉であるが、本来の意味は、商品企画、生産、物流、販売の4つのプロセスをすべて1つの流れとしてとらえ、いかに効率化しながら顧客の要求に応える体制を築き上げるかという考え方、あるいはそのシステムをいう。ギャップ社は、本社とマーケティングの機能は、サンフランシスコに、商品企画はニューヨークに、生産は、中国、インド、メキシコを中心に協力工場や自家縫製工場を有している。そして物流は、アウトソーシングされている。

　従来の流通構造でいえば、アパレル・メーカーの機能とアパレル小売業の機能を合体して、流通経路を短縮することにより、高マージンが取れ、しかも価格を安くして販売できる仕組みである。また小売り店頭での演出や商品構成において、一貫したコンセプトでブランドイメージを訴求できるため、ファッション・ビジネスの1つの理想像として注目されている。要はプライベートブランド100％のファッション専門店ということである。米国ではギャップの他にリミテッドなどのカジュアル専門店が、SPAという業態でオリジナルのファッションをリーズナブルな価格で提供し、消費者の支持を得て急成長した。

　それに刺激されて、米国のデザイナー＆キャラクター（D&C）ブランドも、直営店で自らが販売するという方式を採用するようになり、アパレル・メーカーが小売業に参入するという形でのSPAも増加した。日本でも、80年代の前

半に，ファイブオックスやビギなどD&Cブランドのブーム期に，自社ブランドのイメージを店頭で展開することを重視して，直営店からフランチャイズ・チェーン方式の販売を行なった。またアイドルのように，最初からSPA型の展開をしている小売業もあった。しかし，いずれも品質に対して割安な価格を実現することができなかったために，高成長を持続するまでにはいたらなかった。特に近年，消費動向が消費者主導型となり，デザイナーやアパレル・メーカーの打ち出すトレンドに，消費者は追従しなくなった。消費者が自分の生活価値観にもとづいた購買をするようになり，またデフレ経済が進行する中で，価格に対しても消費者が厳しい目でチェックするようになり，消費者との接点に位置する小売業の店頭情報を商品企画に反映させることが重要な課題となっている。こうしたことから，SPAが，今後のビジネスモデルの1つとして，非常に注目されているのである。

（2）ユニクロのSPA展開

ユニクロは，自らのビジョンを実現していくために，商品企画，生産，物流，販売の4つのプロセスをすべて自社でコントロールする必要があることに気づき，87年からSPAへの道を歩み出した。「良いカジュアルを販売しようと思うなら，当然良いカジュアルを自らが企画して，生産して，配送して，販売しなければならない」とユニクロは公言している。ここでは4つのプロセスごとに，ユニクロのSPA展開を検討してみる。

第1に，商品企画体制であるが，商品企画は，2000年4月に，マーチャンダイジング（MD）部として，東京渋谷に新設された東京本部に移った。人員は，デザイナーが約15名，パタンナーが約20名，マーチャンダイザーが約15名，全部で約50名といわれる。ユニクロは基本的にトレンディな商品は追求せず，ベーシックな商品に限定している。MD戦略は，定番品とマストレンド商品だけを取扱い，毎年，素材や機能，デザインを向上させることで，同じ商品を繰り返し買ってもらうことをねらいとしている。デザインもベーシックを基調としながらも，トレンディなものをある程度取り入れている。品番は年間で200程

度に絞り込み，その中で色やサイズについて品揃えしていく。素材や副資材の検討，縫製の見直し，耐洗濯性の実験などを重ねて，品質の向上に結びつけている。また，店頭での返品・交換にともなう顧客からのクレームなどを参考にして，商品の開発や改善に取り組んでいる。

　第2に，生産体制であるが，ユニクロはSPAを標榜しているが，実際に自前の工場をもっているわけではない。生産については，三菱商事，丸紅，ニチメンなどの総合商社と組んで，共同で事業を行なっている[10]。ユニクロの商品はすべて，中国にある約40の委託生産工場で生産されている。いずれも生産規模が大きく，ある一定水準以上の品質を生み出せることが選定の条件となっている。すべて中国沿岸部にあって，上海を中心とした華東地域，広州と中心とした華南地域，天津を中心とした華北地域に分布している。また，99年には上海と広州に生産管理事務所を開設し，各々30名のスタッフがいて，商社任せにせずに彼らがすべてコントロールする仕組みとなった。この他「匠チーム」[11]と呼ばれる日本人のベテラン技術者が，各工場を巡回しながら技術指導を行なっている。

　第3に，物流体制であるが，中国で生産されたものは，いったん商社の倉庫に納入され，ユニクロのスタッフが検品して，品質の厳しいチェックを行なっている。日本では，関東と関西にある物流センターが使用され，そこで色別，サイズ別に仕分けされて，全国各店舗へ週3回の配送を行なっている。ユニクロでは，サプライチェーンを再構築するために，，需要予測を行なって在庫計画を策定している。山口にある本部で週1回会議を行ない，現場担当者の判断や市場動向，販売実績などから，商品の需要を予測して，生産計画，在庫計画，販売計画を立てて，生産，物流，販売の実施に結びつけている。

　第4に，販売体制であるが，ユニクロの店舗は，ロードサイド専門店型，都心型，インショップ型，駅構内型の4つに分けられる。当初はロードサイド専門店型一辺倒であったが，98年に大阪や東京に進出し，成功したのを契機として，都心型や百貨店とショッピングセンターへのインショップ型が増えてきた。また最近では，JR駅構内へのミニ店舗開設も増えてきた。店舗用地はすべて

賃借であり，店舗も倉庫型のため，標準的な店舗の建築費は，6,000～7,000万円といわれている。店舗のレイアウトは統一されており，店舗の建設や店内のオペレーションについては，マニュアルが整備され標準化されている。すなわち，店舗の大きさ，形態，デザイン，内装，什器類，棚割りにいたるまで標準化されている。店では，セルフ販売方式が採用されており，品出し，陳列，レジ打ちなどは，アルバイトでできる単純作業が多い。

店長は，品揃えに際して，前年同期の販売状況や販売商品，周辺店舗での売れ行き情報などを判断の参考にする。また，週単位や月単位の商品別，店舗別，府県別などの売上高も検索することができるとともに，色やサイズについても，店舗別，販売時間別に検索できるシステムが構築されている。店長には，本部から品揃えの推奨メニューが来るが，自分の考え方で変更することができる。その成果によって，ボーナスや昇進に差がでるような仕組みになっているのである。

ユニクロは，中国での大量生産を支えるために，国内各店舗ごとの需要予測の精度向上に積極的に取り組んでいる。そして，売れ行きの良い商品とそうでない商品を早期に見極めて，売れ行きの良い商品は，生産を追加し，そうでない商品は，マークダウンをつけて売れ残りを防ぐのが一般的なやり方である。ユニクロは，これを商品在庫最小単位（SKU）にまで広げて実施している。そのために，ユニクロの店舗では，色とサイズが豊富にそろっているわりには，欠品や販売ロスが比較的少ないといわれているのである。

おわりに

ユニクロの成功の背景には，ビジョンある経営，優れたチェーン・オペレーション，革新へのたえざる挑戦があることは，いうまでもない。しかし，最も大きな成功要因は，ファッション業界がこれまで重視しなかったことへの果敢な取り組みである。市場の成熟化と消費者の個人化が進むにつれ，消費者にとってのファッションの意味は，徐々に変化していく。日本では80年代後半の

「飽食の時代」を経て，バブル経済の崩壊とともに，消費者の意識の中に台頭してきた。最先端の流行や独創的なスタイルも楽しいけれど，もっと日常的なものでの高感度・高品質が大切である，という意識である。時計やパソコンや車など，かつての贅沢品もすっかり日常品化し，優れた機能，デザイン，品質をもちながら，価格がどんどんこなれていく。だれもが楽しめる品質の良い「カジュアル」をこなれた価格で提供するユニクロの経営哲学は，まさしく時代の流れに乗っている。

　アパレルでは，ギャップや無印良品がこの潮流の先鞭をつけたが，ブランドのコーディネーションにこだわらず，完全な単品として，生活を創る部品として，大量生産に取り組んでいるユニクロの姿勢は，独創的である。しかし，国内需要が一巡するにつれて，ユニクロ・ブームにも一服感が出てきたことも否定できない。そして新たな成長の場として，海外市場に期待をかけており，英国での店舗展開に乗り出した。まさに第4回目のターニングポイントに入ったといえる。今後，グローバル競争を戦える企業として脱皮していくのか，新たな展開に注目されるところである。

（1）ユニクロは unique clothing warehouse を略した言葉で，「独特の衣料倉庫」を意味している。(株)ファーストリテイリングの店名であり，商品のブランド名でもある。
（2）カジュアルとは，その時々の，ケースバイケースという意味で，カジュアルウェアは，くだけた衣服からそうした着方をいう，「おしゃれな日常服」が現代的意味。
（3）これに関しては，拙稿『活発化する小売業態の革新』日本紡績月報，1993年5月号（NO. 555），p. 9～17参照。
（4）SPAとは, speciality store retailer of private label apparel の略で，自社企画ブランド衣料の専門店つまり製造小売業である。
（5）米倉誠一郎監修『わが社の経営理念と行動指針』日本経営者協会総合研究所，1999年6月，p. 8参照。
（6）柳井　正「ミッション，ビジョン，アイデンティティの公示」PHP総合研究所『松下幸之助研究』2000年秋期号，p. 86～87参照。
（7）ジェームズ・C.コリンズ／ジェリー・I.ポラス共著，山岡洋一訳『ビジョナリーカンパニー』日経BP出版センター，1995年9月，p. 140参照。
（8）近江七実『ユニクロ急成長の秘密』あっぷる出版社，2000年12月，p. 43参照。
（9）月泉　博『ユニクロ&しまむら完全解剖』商業界，2000年5月，p. 47参照。

(10) 織研新聞編集部『ユニクロ異端からの出発』織研新聞社，2000年7月，p. 63参照。
(11) BS編集部「ユニクロ すべてを変える 危機感の10倍成長」『ビジネススタンダード』2001年8月号（創刊号），p. 44参照。

終章　繊維産業の50年

はじめに

　わが国の繊維産業は，明治時代から飛躍的な発展を遂げ，戦前は世界の繊維産業をリードした時期もあった。特に昭和初年の繊維産業は，雇用数，出荷額，輸出額で全製造業の過半数を占める文字通りのリーディング・インダストリーであった。ところが第二次大戦の勃発は繊維産業に甚大な被害を与えることになった。まず戦時経済下では，軍事目的に直接役に立たない繊維産業は不当な扱いを受けた。競争力を排除し，生産の効率をあげるために企業統合が行なわれて，いわゆる10大紡，化繊7社体制が作られ，その他の企業は強制的に軍事産業へ転換させられた。さらに戦局の悪化につれて，紡糸設備をスクラップ化して供出させられ，また空襲の被害も受けた。その結果，終戦時の設備能力は，戦前水準の30％前後に低下した。特に綿紡績は，戦前最大設備の16％に縮小される状態であった。しかも設備供出代金に対する軍需保証は打ち切りとなり，その上，海外資産のすべてを喪失することになり，繊維産業は明治以来営々として築いてきた資産を一挙に失うことになった。したがって戦後の繊維産業はいわば裸同然で再出発せざるを得なかったのである。

　1945年8月の敗戦以来，わが国繊維産業の50年間の歩みは，前半の1970年までを，復興・発展期と位置づけ，後半の1995年までを，調整・改革期と位置づけることができる。その根拠となるのが，鉱工業主要業種の年平均成長率の推移である（表1）。

　これは鉱工業から繊維，化学，機械，鉄鋼の4業種を選び，中期の設備投資循環の上昇と停滞の局面ごとに，それぞれの平均成長率を計算したものである。これを見ると投資ブーム期にはその前後の投資停滞期に比べて全体としての成

表1 鉱工業主要業種の年平均成長率:中期的上昇・停滞局面における変化

(%)

	鉱工業	繊維工業	化学工業	機械工業	鉄鋼業
<u>1946～51年</u>	29.3	32.7	35.6	30.8	48.4
1951～55年	11.2	13.5	15.8	10.3	9.2
<u>1955～61年</u>	16.8	9.1	14.9	28.6	19.3
1961～65年	9.7	7.6	12.0	11.3	9.4
<u>1965～70年</u>	15.6	8.7	16.8	21.7	18.3
1970～77年	3.3	0.1	4.4	4.7	2.1
<u>1977～80年</u>	6.3	0.7	6.9	11.1	5.1
1980～86年	2.8	-1.1	3.8	6.5	-0.9
<u>1986～90年</u>	6.0	-3.0	6.9	7.4	3.6

(注) 各期間中にアンダーラインのあるのは,投資ブーム期を示す
(出所) 篠原三代平『戦後50年の景気循環』日本経済新聞社,1994年,p.25

長率は高くなるが,業種間の不均等発展も強められている。繊維工業は,1970年頃までは成長発展し,以降は停滞閉塞している。もっとも化学繊維や合成繊維は,化学工業に属しているので,その分は増し加えて考える必要がある。本章では,繊維産業の復興・発展期における重要事項と,調整・改革期における重要事項をあげて,戦後のわが国繊維産業の発展と変貌の軌跡を検証してみる。

1. 復興・発展期 (1945年～1970年)

(1) 繊維産業の復興と過剰設備の表面化

1945年8月の敗戦以来数年間,繊維産業は再建復興の道を歩むことになった。戦後の繊維生産量の推移(図1)を見ると,まず綿糸や化繊の生産量の急速な立ち上がりが目につく。これは当時のGHQ(連合軍最高司令部)の政策が,繊維産業をわが国の自立経済達成の先兵として,その復興を促進したためである。すなわち,原料を自給でき戦前かなりの輸出力をもっていた生糸の生産がまず開始された。しかし,米国では絹靴下がナイロンにとってかわられたため,こ

1. 復興・発展期（1945年〜1970年）　199

図1　繊維生産量の推移

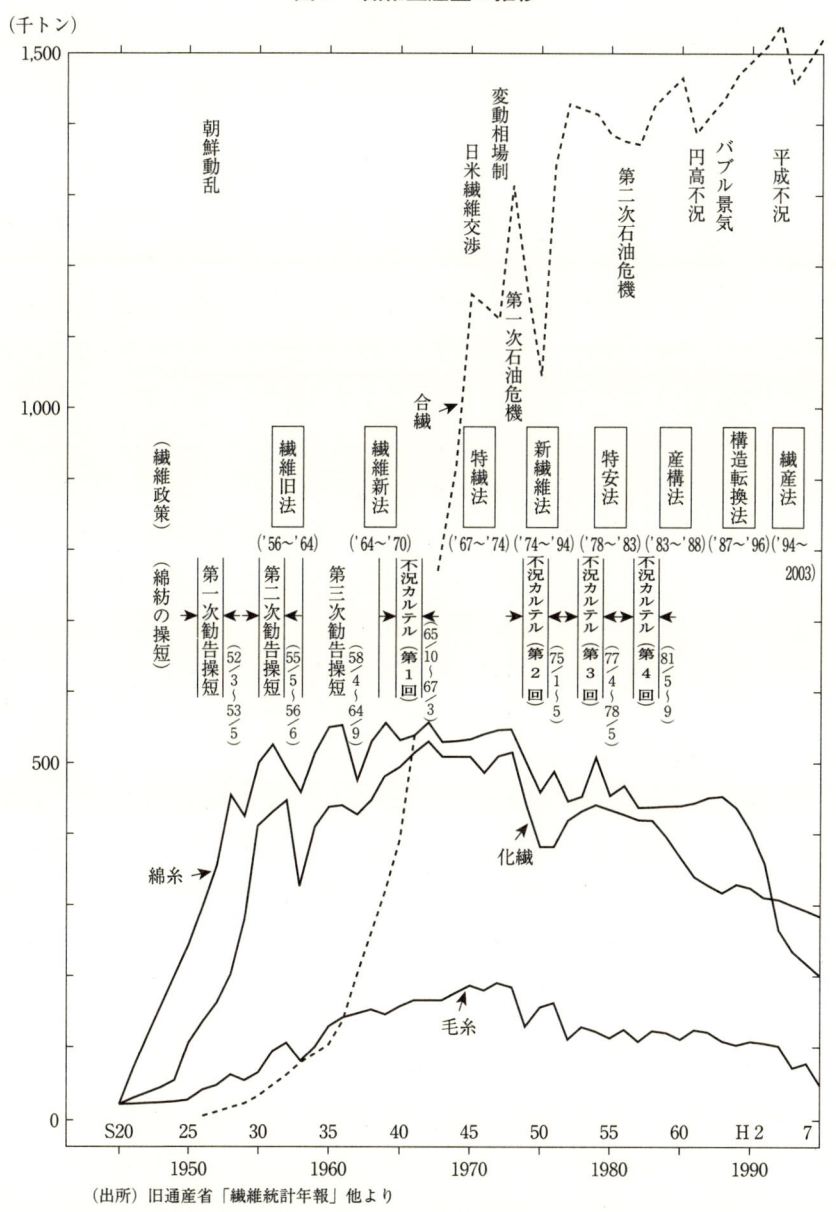

(千トン)

朝鮮動乱

変動相場制
日米繊維交渉

第一次石油危機

第二次石油危機

バブル景気
円高不況

平成不況

合繊

(繊維政策)

(綿紡の操短)

繊維旧法 ('56〜'64)
繊維新法 ('64〜'70)
特繊法 ('67〜'74)
新繊維法 ('74〜'94)
特安法 ('78〜'83)
産構法 ('83〜'88)
構造転換法 ('87〜'96)
繊産法 ('94〜2003)

第一次勧告操短 (52/3〜53/5)
第二次勧告操短 (55/5〜56/6)
第三次勧告操短 (58/4〜64/9)

不況カルテル (第1回) 65/10〜67/3
不況カルテル 第2回 75/1〜5
不況カルテル 第3回 77/4〜78/5
不況カルテル 第4回 81/5〜9

綿糸

化繊

毛糸

S20　25　30　35　40　45　50　55　60　H2　7
1950　　1960　　1970　　1980　　1990

(出所) 旧通産省「繊維統計年報」他より

の輸出量はむしろ減少した。次いで綿業の再建がはじまった。米国政府が手持ちの膨大な余剰綿花を処理しようとしていたことも幸いして，製造した綿製品の6割を輸出して原綿代金の償還にあてるという方式で，米綿の輸入が開始された。

続いてGHQは，1947年2月に綿紡績設備の400万錘までの復元を認めた。一方，化繊工業は，残存設備の中でも運転可能設備がきわめて少なかったことに加えて，石炭やパルプ等の資材不足に制約されてその生産の回復は遅れていた。しかし，もともと綿製品の生産が少ない上に，その6割が輸出に回されることからくる国内の衣料不足に対処するために，1947年4月に年生産15万トンまで認可され，化繊工業の再建もまようやく軌道に乗ることになった。1950年6月に勃発した朝鮮動乱は，繊維産業の復興テンポを早めることになった。動乱にともなう好景気によって，わが国の繊維輸出は急増したので，綿，化繊は世界第1位の地位を取り戻した。しかも需要の増加は供給量をはるかに上回っていたので，わずか半年で綿糸価格は2倍に，人絹糸やスフ糸の価格は3倍にも上昇し，いわゆる糸へん景気で繊維会社はめざましい高収益をあげた。こうした高収益に刺激されて，業界は設備制限撤廃への要求を高めたので，1950年から51年にかけて，綿，毛，人絹，スフの設備制限が相次いで撤廃され，設備の新増設が活発に行なわれた。

その結果，朝鮮動乱ブームが収束した52年には早くも設備過剰となり，繊維品価格は暴落した。このため業界では，人絹糸で52年1月から約30％の自主操短を開始したのをはじめ，スフ糸も3月から約40％の自主操短に入って，需給バランスの改善に努めた。また綿糸は，52年3月から翌年5月までの1年3カ月にわたって，戦後初の旧通産省による40％の勧告操短を余儀なくされるにいたった。

しかしこうした繊維価格の暴落は，動乱ブームによる好景気で高まった国民の衣料需要をかえって顕在化させることになった。1950年から52年にかけて国民1人当たりの繊維消費量は2倍以上の伸びを示し，52年には戦前水準にまで回復した。その後53年のいわゆる消費景気には，内需の増大によって綿紡績業

界は一時的に小康状態を得,操短も解除された。しかし朝鮮動乱ブームの反動以降,後進諸国の自給化によって輸出が伸び悩み状態にあった上に中小紡の増設が続いたので,54年3月の金融引き締めを契機とする景気転換の結果,内需が減少し,再び設備過剰の状態になった。

そこで55年5月には,綿紡績の第二次勧告操短が実施された。しかも後進諸国は輸出競争力を強めてきたので,今後,わが国の繊維輸出は伸び悩むと考えられた。そこで抜本的な対策として,紡績業,織布業,染色加工業の区分登録制(登録区分以外の使用禁止)と過剰設備の処理(紡機は格納,織機は買い上げ)を目的に「繊維工業設備臨時措置法(繊維旧法)」が制定され,1956年10月から64年9月まで施行された。この法律は当初天然繊維のみを対象としていたが,59年4月から化合繊も含むようになり,数回の改正を経て,わが国の繊維産業の発展に大きな影響を与えていくことになった。

こうしてわが国繊維産業の生産量は,1956年に戦前最盛期の水準を超えて,141万トンに達して,復興過程を終えることになった。しかし戦前の繊維産業の中核であった綿紡績が停滞ぎみであったので,一般の製造業は53年に戦前水準に復興したのに比べて,繊維産業の復興は56年と,著しく遅れることになった。また復興前の過剰設備の表面化は,その後のわが国繊維産業の発展にとって大きな足かせとなっていったのである。

(2) 合繊の工業化と発展

10大紡は勧告操短のはじまった1952年以降,スフ部門の拡充をはかったが,一方,それによってシェアを侵食されはじめた化繊7社は人絹,スフの増設を行なうと同時に,合繊への進出を行なうという新しい経営戦略をとることになった。化繊はすでに技術的に完成した段階にあり,その技術の延長から革新的な製品が生まれるという展望がなかったのに対し,合繊の技術は発展の初期的段階にあり可能性を秘めていた。化繊企業の合繊進出は政府による合繊育成策によってさらに促進されることになった。

1949年5月旧商工省は「合成繊維工業の急速確立に関する件」を省議決定し

た。これは合繊が将来の繊維輸出の中核になるものと考え，技術的に一応完成され，国際的な価格水準から見て採算点に達する見通しのあるビニロンとナイロンとを育成の中心に据え，各種の優遇措置を講じるというものであった。まずビニロンでは倉敷レイヨン，ナイロンでは東洋レーヨンが，次いでビニロンには大日本紡績が，ナイロンには日本レイヨンが工業化に踏み切り，育成政策の対象企業になった。

　合繊の工業化は必ずしも平坦な道ではなかった。新製品であるため，その製品開発や市場開拓は大変な苦労であった。紡績企業やその下請け企業は将来競争相手となりかねない合繊の加工には非協力的であり，さらに合繊企業は合繊製品の品質管理徹底のためもあって，自ら加工流通の系列化をしなければならなかったのである。

　50年にビニロンとナイロンの生産が開始されたが，その他のレーヨンや綿紡各社も合繊の将来性に着目してその企業化の検討が本格化した。57年には東レと帝人は共同で英国ICI社からポリエステル繊維の技術を導入した。統一商標名を「テトロン」として，58年から生産を開始し，早くも下期から両者とも黒字となった。このポリエステル繊維の成功が，その後の合繊企業化ラッシュの引き金となったのである。アクリル繊維についても，57年から旭化成と鐘淵化学がそれぞれ自社技術で生産を開始した。東洋紡と住友化学が日本エクスランを設立して，アメリカン・サイアナミッド社の技術導入により58年から，また三菱レイヨン，三菱化成と米ケムストラン社が三菱ボンネルを設立して59年に，それぞれ生産を開始した。

　1960年代は，合繊工業にとっても高度成長期であった。もっとも64年には，景気後退期の中で，ナイロンが一時不振となり，初の合繊不況となったが，その後輸出市場の拡大により合繊は10年間で，生産が10倍強となり急拡大を遂げた。この間，合繊工業はわが国のリーディング・インダストリーの1つであった。

　すなわち，川上では石油化学工業の発展をうながし，川中，川下では加工流通チャネルを改革・整備し，さらに新たなマーチャンダイジング，マーケティ

ング手法を開発・導入するなど，繊維産業はもとより関連産業の発展・効率化を促進するなど経済的波及効果の大きい産業であった。こうした合繊の成長期待の中で，後発企業の参入が相次いだ。まずナイロンでは，60年代前半に鐘紡，帝人，呉羽紡（66年に東洋紡と合併），旭化成が参入，ナイロンの6社体制が64年に成立した。ポリエステルでも，東洋紡，倉レ，日レが後発として参入，さらに後々発として，鐘紡，三菱レ，ユニチカが参入，69年には8社体制が確立，またアクリルでも，東邦べ，東レ，鐘紡が参入，68年に7社体制が成立したのである。

(3) 日米繊維交渉と輸出障壁

1969年はじめから70年半ばに及ぶいわゆる日米繊維交渉は，わが国繊維産業にとって，史上最大の通商問題であったばかりでなく，戦後の日米関係が新しい段階に入ったことを示す象徴的な事件であった。

1956年以来行なわれてきたわが国綿製品の対米輸出自主規制を，毛製品および化合繊製品まで及ぼしたいとの米国側の意向は65年頃より伝えられていた。67年に米国繊維製品製造業者協会（ATMI）は，毛および人造繊維製品の輸入制限の決議を行ない，これを契機に米国政府および議会に対して，毛・化合繊製品の輸入制限運動を展開するようになった。ATMIによる運動がはじまってから当初の2年間は，米国政府は積極的な動きを見せなかったが，69年にニクソン大統領が就任し，選挙中の公約にもとづいて多繊維輸入規制の方針を明らかにして，米国政府の意向を各国に伝えた。この間，わが国では，67年に紡績協会，化繊協会，羊毛紡績会の3団体による「米国の輸入制限運動に反対し，日本政府の善処を要望する」共同声明が出されたのをはじめ，69年には業界11団体と政府関係者よりなる対米問題連絡協議会が発足するなど反対運動が盛り上がった。

69年11月に行なわれた佐藤・ニクソン会談は，日米繊維交渉の結末に重大な影響を与える会談であったといわれている。この会談の目的は，戦後のわが国にとって最大の対米懸案であった沖縄返還問題を話し合うことであった。その

際，いわゆる「糸と縄との取引」の密約がなされたのではないかといわれているためである。この会談と並行して，ジュネーブでは日米繊維予備会議が開かれ，米国側はトリガー方式を内容とする第1次案を提出してきたが，日本側は被害の実証のない規制には応じられないとしてこれを拒否した。

　次いで70年1月には米国側から第2次案が提出されたが，日本政府は3月に3回目の「日本の考え方をまとめた覚書」を米国政府に開示し，第2次案を拒否すること，ただし輸入によって被害を受けている品目については協議の準備があることを明らかにした。この間70年1月には，紡績協会，化繊協会をはじめとする繊維業界19団体で日本繊維産業連盟が結成され，強力な反対運動を展開することになった。70年4月には，下院議員W.ミルズが輸入制限法案を提案し，米国側は法的規制も辞さない姿勢を明らかにしたので，日本政府は6月ワシントンで日米繊維会談を開催したが，自主規制期間3年に固執する米国と1年を主張するわが国との間で大きな差があり，会談は事実上決裂した。その後，何回かの政府間の交渉が行なわれたが進展を見せなかったので，わが国政府内では日本側の輸出自主規制によって問題解決をはかろうとの考え方が表面化することとなった。

　そして，71年3月にわが国の業界は，「対米繊維輸出自主規制に関する宣言」を出し，7月1日より3年間これを実施する旨を表明したが，その3日後，ニクソン大統領はこれを拒否する声明を発表，同時に政府間交渉は打ち切りとなった。その後，わが国の業界は宣言通り自主規制を実施したが，米国政府は日本側にさまざまな形で働きかけて，ついに71年10月米国案を基礎とする政府間協定に仮調印，翌年1月ワシントンで正式調印がなされた。

　皮肉にも解決した時には，わが国の繊維産業の輸出競争力は低下してしまっていた。

2. 調整・改革期（1970年～1995年）

（1）ファッション化とアパレルの台頭

　わが国のアパレル産業は，60年代からいくたの試行錯誤を繰り返しながら，着実に発展を遂げ，70年代には企業的に確立した。既製服の歴史の浅いわが国において，アパレルメーカーという言葉が一般的に使われ出したのは70年代に入ってからであり，それまでは縫製業者とか衣服製造卸とか，あるいは通俗的には「つぶし屋」と呼ばれていた。繊維産業の中でもこの部門は特に零細性，過多性，低生産性の温床であり，ファッションビジネスの主導権を取り得るような企業とは考えられていなかった。65年頃においては，アパレル企業で売上100億円を越える企業は1社しかなく，10億円以上でも6社にすぎなかった。

　ところが60年代後半に入っての急速なファッション化の高まり，既製服化のいっそうの進展は，アパレルメーカーの急成長をもたらした。所得の上昇にともなって国民の消費生活は多様になり生活の場は広がった。所得水準の上昇と週休2日制の普及などによる余暇時間の増大により，人々の旅行やスポーツ，交際，娯楽等に費やす時間は大きく増加した。このように生活の場が広がるにつれて，カジュアルウェアやスポーツウェア，リゾートウェア，タウンウェアそれにフォーマルウェアといったファッション性の高い衣服への需要が喚起されるようになった。消費者はただ単に着るものを着るだけでなく，個性的なもの，時と場所に応じたものを要求するようになったのである。

　このような消費構造の質的変化の中で，ファッション衣服が生活そのものの中に定着していくことになったのである。このようにしてアパレル企業は大きく成長し，74年になると，トップ企業のレナウンはアパレル企業として初めて売上1千億円の大台を突破した。続いて樫山，イトキン，東京スタイル，ワールド，ワコールなども驚異的な成長を遂げた。今やアパレルメーカーは，企業としての規模と企画力を整え，繊維業界においてかなりの影響力を行使できる

ところまで成長してきた。また小売業界においては，量販店が急成長し，百貨店と肩を並べるまでになり，さらにファッション産業にとって重要な専門店チェーンが台頭するようになった。鈴屋，三愛，マミーナ，新宿高野などがその代表例である。生地問屋段階でも，総合型のタキヒョー，市田，滝定や婦人服地問屋の吉忠，亀井，ロンシャンといった企業が成長し，自らもファッション衣服の分野に進出することとなった。

このようにファッション産業が近代的な企業として成長し，ファッション界をリードする主体として確立したことが70年代の大きな特徴であったが，今ひとつ注目すべき動きは，ファッションビジネスの広がりにより，わが国繊維産業のそれぞれの段階の企業が，その本来の役割と機能を自覚し，新しい企業の連携システムを構築する姿勢を示しはじめたことである。素材メーカーはまず良い素材を開発・生産し，生地問屋はファッショナブルな生地の企画開発に取り組み，アパレルメーカーは小売企業と組んで消費者志向の商品企画に取り組み，小売企業はより良い売場構成と品揃え計画を立てることを考えるというように，機能分業の追求と，その上に立った企業間の有機的連携の確立がファッション産業にとって重要であるという視点が徐々に浸透してきたのであった。

（2）石油危機と構造不況

1974年から77年末まで満4年にわたって吹き荒れた繊維不況は，戦後最大でわが国繊維産業に抜本的な構造調整を迫るものであった。それゆえに構造不況と呼ばれているが，第一次石油危機に端を発したこの構造不況は，繊維企業に大幅赤字，倒産，雇用縮小といった大きな爪跡を残した。この間に発生した企業赤字の大きさは，綿紡9社と合繊7社の経常赤字累計が，綿紡で1,054億円，合繊で863億円，合計1,917億円という巨額に達した。また雇用縮小の規模を見ると，繊維工業の従業員（アパレルは含まず）は，73年末の93万人から79年末の70万人へ，23万人，25％という大幅な減少を見た（旧通産省「工業統計表」（産業編）参照）。

このような構造不況の実体は，需要の減退に対する生産能力の過剰化，すな

2. 調整・改革期 (1970年～1995年)

わち大幅な需給ギャップの発生にあった。その原因の1つは、石油危機到来時に頂点に達していた過剰流動性ブームの反動に求められる。日本経済全体がそうであったように、繊維産業においても過剰流動性ブームによるインフレ利益の満喫と仮需で積み上げられた過剰在庫の規模があまりにも大きかったからである。

しかしこの不況が構造不況と呼ばれるより根元的なもう1つの原因がある。それは70年代初期からはじまった繊維の国内生産に対する需要の構造的な停滞である。70年代までのわが国の繊維産業は、急速な発展を遂げた合繊から停滞色の濃い綿糸、化繊、毛糸にいたるまで部門ごとの伸び率に格差はあるものの、総体として量的な成長を続けていた。しかしその成長は、図1に見るように70年代に終焉したと見られるのである。わが国繊維産業に成長の終焉をもたらした要因は、国内および国際の両面に求められる。国内的な要因は、繊維製品に対する国内需要の停滞化である。

繊維製品の需要は、衣料用、家庭用、インテリア用および産業用という4つの用途に大別される。このうち衣料用はわが国の個人消費が成熟化社会特有のパターンを取りはじめたのにともない、第一次石油危機を境としてはっきりした伸び悩みを示すようになったのである。衣料用以外の用途では、インテリア用や産業用のように需要の伸長が見込まれる分野もないではないが、繊維内需総体としての量的な成長はあまり期待できないと見られている。

国際的な要因は、輸出の減退と輸入の増大である。わが国の繊維輸出（糸ベース）は、73年に国内ブームの余波で58万トンに落ち込んで以来、構造不況を背景に60万トン台を維持してきたが、第二次石油危機の79年には50万トンという低水準に転落した。80年代には60万トン台を回復したが、90年代に入り再び落ち込み、今日まで40万トン台の低水準を維持することとなっている。一方、わが国への繊維製品の輸入は、60年代まではないに等しい状態だったが、70年代に入ってやや目につく存在となり、80年代から90年代にかけて急激な増勢を続けて国内生産に対する脅威となった。96年の内需に対する輸入比率は、60％というこれまでにない高率に達した（表2参照）。21世紀に入って、この比率

表2　1970～1996年における繊維需給表（糸ベース）

(単位：千トン)

年次	供給			需要供給	需要			在庫増減	輸出比率 C/A (%)	輸入比率 B/D (%)	摘要
	年初在庫	生産 (A)	輸入 (B)		輸出 (C)	内需 (D)	年末在庫				
1970	438	2.036	63	2.537	610	1.444	482	+44	30.0	4.4	
71	482	2.175	87	2.744	735	1.496	514	+32	33.8	5.8	ニクソン・ショック
72	500	2.130	143	2.773	719	1.525	529	+15	33.8	9.4	
73	529	2.252	315	3.096	579	1.948	569	+40	25.7	16.2	第1次石油危機
74	569	1.948	211	2.728	622	1.431	675	+106	31.9	14.7	構造不況
75	675	1.777	131	2.583	640	1.309	634	−41	36.0	10.0	
76	634	2.000	169	2.804	637	1.533	634	0	31.9	11.0	
77	634	1.888	150	2.672	711	1.415	546	−88	37.7	10.6	
78	546	1.932	284	2.787	607	1.647	534	−12	31.4	17.2	
79	534	2.072	339	2.945	508	1.887	550	+16	24.5	18.0	第2次石油危機
1980	550	2.050	278	2.878	601	1.706	571	+21	29.3	16.3	
81	571	1.920	292	2.782	653	1.587	542	−29	34.0	18.4	
82	542	1.949	330	2.821	605	1.662	553	+11	31.0	19.9	
83	553	1.901	311	2.769	651	1.591	526	−27	34.2	19.5	
84	526	1.989	439	2.953	646	1.745	561	+35	32.5	25.2	
85	561	1.983	466	3.010	631	1.784	595	+34	32.0	26.1	円高不況
86	595	1.854	493	2.942	621	1.772	558	−37	33.0	27.8	
87	558	1.860	642	3.060	549	1.962	549	−9	29.5	32.7	バブル景気
88	549	1.851	792	3.192	451	2.156	585	+36	24.3	36.7	
89	585	1.835	882	3.297	440	2.280	577	−8	24.0	38.4	
1990	577	1.822	817	3.216	462	2.188	567	−10	25.3	37.4	
91	567	1.770	923	3.259	457	2.228	574	+7	25.8	41.4	バブル崩壊
92	574	1.705	993	3.272	467	2.208	597	+23	27.4	45.0	平成不況
93	597	1.503	1.106	3.206	432	2.180	594	−3	28.7	50.8	
94	594	1.421	1.305	3.315	428	2.337	550	−44	30.1	55.7	
95	550	1.382	1.369	3.301	394	2.373	534	−16	28.5	57.7	
96	534	1.323	1.476	3.333	398	2.439	496	−38	30.1	60.5	

(出所) 旧通産省「繊維統計年報」より

はさらに高まり70～80％台に達しているのである。

　わが国繊維産業の量的成長を押さえ込むこのような要因は，経済社会の構造変化に深く根ざすものであり，それはすでに70年代からはじまっていたと見るべきである。この頃から事業システムの革新が行なわれていたなら，もう少し国際競争力も回復していたかもしれない。

(3) 円高の定着と国際分業の進展

かつて1971年のニクソン・ショックによる変動相場制への移行によって、わが国繊維産業がそれまでもっていた輸出特化型産業としての比較優位性は崩れはじめた。そして85年9月のプラザ合意による円高の定着は、この輸出特化型産業の優位性を決定的に崩壊させて、以降の産業的変化を加速させるにいたっている。こうして繊維産業は、輸出依存型から内需依存型への構造改善を迫られることになった。しかも他方では、定番・量産品を中心に、合繊・紡織企業をはじめ、アパレル企業までも含めて、東南アジアや中国を主体に海外進出にも活路を求めて積極的に展開されることになった。

わが国の繊維品輸入は70年代に入ってから本格的な増大傾向を続けていたが、とりわけ85年9月のプラザ合意による円高の定着によって、繊維貿易は本格的な輸入超過時代を迎えることになった。これは実に明治以来100年ぶりのことであった。輸出産業として発展してきたわが国繊維産業もついに輸入超過産業に転落してしまった。繊維品輸入の主体をなすのは極東三国(韓国、台湾、香港)や中国、ASEAN諸国からの低中級品である。これら諸国からの輸入は、綿糸、綿織物および衣類を中心に、合繊製品にも範囲を広げ、繊維製品輸入の中で圧倒的に高いシェアを占めている。一方それと対照的に、比較的ファッション性の高い衣類や生地を中心とする欧米からの輸入も、確実に市場を拡大しつつある。

繊維産業の国際分業化の進展は、先進国、発展途上国それぞれのプロダクト・サイクル上の位置と密接な関係がある。イギリスの繊維産業は戦前からすでに成熟期にあり、後発国による市場侵食を受ける立場に置かれていた。それに対し、わが国の繊維産業は60年代までは成長期にあり、イギリスの保持していた市場を侵食し、拡大を続けた。しかし70年代にはわが国の繊維産業も成熟期を迎え、韓国をはじめとする発展途上国の追い上げを受けるにいたった。さらに80年代には、その後を追って、ASEAN諸国や中国などが成長の歩みをはじめたのである。

このような国際分業が進展するメカニズムは，比較生産費の原理に求められる。

第1に，先進国側の状況についていえば，成熟化した繊維産業の生産性上昇率は，成長期にある国内の他産業のそれよりも低いのが通常の姿である。一方，一国の賃金上昇率は，全産業の平均的な生産性上昇率により決定されるので，その結果，繊維産業の賃金コストは，他産業のそれを上回る率で上昇するという現象が起こってくる。

第2に発展途上国側の状況についていえば，繊維産業は経済発展を主導する先進産業の位置にあり，その生産性上昇率は他産業に比べて高く，したがって賃金コストの上昇率は他産業に比べて低い。この2つのことから，先進国の繊維産業と発展途上国の繊維産業との間に，国内産業間のコスト上昇率比較から見た前者の比較劣位と後者の比較優位という，きわだった対称性が導き出されるのである。

他方，先進国対発展途上国の為替レートの変化は，基本的に両国間の平均的なコスト上昇率の格差によって決定される。そのような為替レートで換算された両国の繊維産業のコスト競争力を比較すれば，国内平均よりもコスト上昇率の高い先進国の繊維産業が不利な方向に向かい，国内平均よりもコスト上昇率の低い発展途上国の繊維産業が有利な方向に向かうことは，もはや明らかである。

わが国のように産業の効率化の速度が早い経済では，為替レートが切り上がる速度も早くなるので，繊維産業の国際競争力低下のテンポも早められることになる。欧米諸国の場合，繊維製品が輸出において比較的優位商品に含まれるケースは，イタリアやアメリカ，フランスの衣類を除き，あまり見られない。一般に輸出の比較優位構造は国によって多様な差異を示すが，概して比較優位性の高い商品がさらにその優位性を高め，商品間の格差が拡大するという傾向があるため，繊維産業の比較劣位化は，いっそう進行していく。

わが国繊維産業の衰退原因は，商品の開発など目に見える革新のみに終始して，目に見えない事業システムの革新が行なわれなかったことにある。特に国

際競争力をもったアパレル産業が育たなかったことから,テキスタイル産業を中心に衣料用繊維が衰退したのである。そして,川上,川中,川下という表現に見られるように,相場変動に左右される仮需性の強い川上と川中,実需性の強い川下というまったく異質の事業を1つの事業システムに包摂している点にも問題があった。鉄鋼産業と自動車産業などのように別の産業を形成していれば,テキスタイル産業もアパレル産業も国際競争力を確保していたかもしれない。

おわりに

　わが国の繊維産業は,戦後50年のうち,前半の25年は復興・発展期の時代であり,日本経済における繊維産業の比重も大きかった。最初の約10年は,国内外の旺盛な復興需要に支えられ,良質低廉な労働力と朝鮮動乱ブームに助けられて急速な復興を遂げた。そして後半の15年は,綿から合繊への主役の交代はあったものの繊維産業は輸出主導の発展の時代であった。しかし合繊の一斉登場によって,綿紡を中心とする構造的な問題は一時隠蔽された形になってしまった。また多数企業の合繊参入による過当競争の展開は,技術革新の成果を結果的に浪費することとなり,後の構造不況の要因を形成することにもなったのである。

　後半の25年は調整・改革の時代であり,前半の25年に形成された構造不況の要因をいかにうまく克服して,内需型産業への転換をはかるかが大きな課題であった。しかし,第一次石油危機の後には過剰生産と過剰設備の問題が深刻化して戦後最大の構造不況が起こった。この間政府は,74年に「新繊維法」,78年に「特安法」などの特別立法によって国際競争力を失った繊維産業を何とか生き長らえさせようと苦難の保護政策を実施したが,抜本的な解決策とはならなかった。その後もわが国の産業構造の高度化とソフト化は着実に進展し,結果として円高がいっそう進展したので,83年に「産構法」,87年に「構造転換法」,94年に「繊産法」が実施された。これらの政策実施に当たっては公的資

金が投入されるが,戦後50年間で,累計約8,000億円の公的資金が補助金や投融資として繊維産業に投入されたにもかかわらず,いまだに所期の目的を達するにいたっていない。この事実は,国際競争力の再強化を実現するような構造改革が必要であるにもかかわらず,業界の危機意識の欠如や状況認識の甘さから,新商品開発など目に見える革新のみに終始して,生産から販売・流通にいたる企業の連携等によるいわば目に見えない事業システムの革新が行なわれなかったことを意味している。

参考文献
〔1〕稲葉秀三,生田豊朗共著『日米繊維交渉』金融財政事情研究会,1970年。
〔2〕日本長期信用銀行産業研究会編『主要産業戦後25年史』産業と経済,1972年。
〔3〕日本化学繊維協会編『日本化学繊維産業史』日本化学繊維協会,1974年。
〔4〕I. M. ディズラー,福井治弘,佐藤英夫『日米繊維紛争』日本経済新聞社,1980年。
〔5〕東洋紡績経済研究所編『繊維産業』東洋経済新報社,1980年。
〔6〕産業学会編『戦後日本産業史』東洋経済新報社,1995年。
〔7〕伊丹敬之編『日本の繊維産業 なぜこれほど弱くなってしまったのか』NTT出版,2001年。

著者略歴

1943年　大阪府に生まれる
1967年　関西学院大学商学部卒業
1970年　神戸大学大学院経営学研究科修士課程修了
1970年　東洋紡績株式会社入社
1973年　東洋紡績㈱　経済研究所勤務
1988年　東洋紡績㈱　経営企画室課長
1991年　大阪学院短期大学経営実務科助教授
2001年　大阪学院短期大学経営実務科教授に就任，現在に至る

主要著書

『繊維産業』（共著）東洋経済新報社，1980年
『経営学入門』（共著）八千代出版，1991年
『経営管理と現代社会』（共著）八千代出版，1994年
『繊維の50年』（共著）日本繊維機械学会，1999年
『ワコール50年史』（共著）株式会社ワコール，1999年

JCLS ＜㈱日本著作出版権管理システム委託出版物＞
本書の無断複写は著作権法上での例外を除き禁じられています。複写される場合は，そのつど事前に㈱日本著作出版権管理システム（電話 03-3817-5670, Fax 03-3815-8199）の許諾を得てください。

『事業システムの革新』

2007年1月10日　初版第1刷

著作者　地引（じびき）　淳（じゅん）
発行者　千倉　成示

発行所　㈱千倉書房　　〒104-0031東京都中央区京橋2-4-12
　　　　　　　　　　　電話・03（3273）3931㈹
　　　　　　　　　　　http://www.chikura.co.jp/

©2007　地引 淳，Printed in Japan
印刷・シナノ／製本・井上製本所
ISBN978-4-8051-0872-7